# Getting Global!
## Engineer Your Future with English

Tomoko Tsujimoto　Judy Noguchi　Akiko Miyama
Atsushi Mukuhira　Ryo Kirimura　Junko Murao

**KINSEIDO**

Kinseido Publishing Co., Ltd.
3-21 Kanda Jimbo-cho, Chiyoda-ku,
Tokyo 101-0051, Japan

Copyright © 2015 by Tomoko Tsujimoto
                    Judy Noguchi
                    Akiko Miyama
                    Atsushi Mukuhira
                    Ryo Kirimura
                    Junko Murao

*All rights reserved. No part of this publication may
be reproduced, stored in a retrieval system, or transmitted,
in any form or by any means, electronic, mechanical,
photocopying, recording or otherwise, without the prior
permission of the publisher.*

First published 2015 by Kinseido Publishing Co., Ltd.

Cover design   Takayuki Minegishi
Text design    C-leps Co., Ltd.
Illustration   Hayato Kamoshita

音声ファイル無料ダウンロード

この教科書で DL 00 の表示がある箇所の音声は、上記 URL または QR コードにて無料でダウンロードできます。自習用音声としてご活用ください。

▶ PC からのダウンロードをお勧めします。スマートフォンなどでダウンロードされる場合は、ダウンロード前に「解凍アプリ」をインストールしてください。
▶ URL は、検索ボックスではなくアドレスバー（URL 表示覧）に入力してください。
▶ お使いのネットワーク環境によっては、ダウンロードできない場合があります。

CD 00   左記の表示がある箇所の音声は、教室用 CD（Class Audio CD）に収録されています。

# はじめに

　世界中がインターネットでつながる現代、今後ますますグローバル化が進み、英語による情報の発信力・受信力がさらに問われる時代になってくるでしょう。本テキストは、リスニング中心の奇数章と、リーディング中心の偶数章で構成されています。奇数章では情報発信力、偶数章では情報収集力にフォーカスした構成になっています。
　本テキストの主な特徴を4点挙げましょう。

### 1. アクティブに学ぶためのリスニング素材
　リスニング中心の奇数章は、英語でのコミュニケーションをよりスムーズに行うために役立つ発音のコツや、各章のテーマに沿った語彙や表現を学びます。さらに発展問題としてストーリー仕立ての素材を用意していますので、スピーキングに活用できるアクティブなリスニング能力の養成に役立つでしょう。

### 2. ジャンル別リーディング素材
　リーディング中心の偶数章では、ビジネスレターから広告や仕様書、操作マニュアルまで多様なジャンルの特徴を学びます。ビジネス文書や技術系文書の多くは、ジャンルごとに特徴的なスタイル（文体）を持っています。こうしたスタイルに慣れることで、効率的な情報収集が可能になるでしょう。

### 3. 多様な問題形式で飽きさせない構成
　リスニング中心の章にもリーディング形式の問題を配置し、またリーディング中心の章にもリスニングの要素を盛り込むことによって、授業中の作業に変化を持たせ、集中力を高める工夫をしています。

### 4. 基本から応用へ段階的に学習する構成
　Hop! → Step! → Jump! の3ステップで、基本的な語彙・文法・構文の確認に始まり、学習した知識を使いこなすことが求められる発展問題まで、段階的にステップを踏んで学ぶ構成になっています。各章ごとに、学習の成果を実感することができるでしょう。

　本テキストで英語の受信力・発信力を磨いた皆さんが、目の前に広がるグローバル社会に胸を張って乗り出していかれることを願っています。
　最後になりましたが、本テキストを練り上げるプロセスで多大なご協力をいただいた金星堂編集部の皆さんに心より感謝いたします。

編著者一同

## 本書の構成と使用法について

●**Warm Up**

各章で扱われるテーマに関する基本的な素材を提示しています。ここではできるだけ辞書を使わずに **Quiz** に解答してみましょう。

●**Hop!**

各章のテーマに関する基本的な語彙・表現などを学びます。リスニング中心の奇数章では、**Listening Focus** で発音のコツも合わせて学びます。例文を何度も声に出して発音し、コツをつかみましょう。リーディング中心の偶数章では、**Getting to Know the Style** でそれぞれのジャンルの基本スタイル（文体）について学びます。特徴的な語彙や構文を学び、練習問題を通じてその知識を定着させましょう。

●**Step!**

**Hop!** の内容を一歩進めて、同じテーマの別の側面に焦点をあてることで、より複雑な内容に対応できる力を養います。

●**Jump!**

**Hop!** と **Step!** で学んだ知識を駆使してチャレンジする応用問題です。リスニング中心の奇数章はストーリー仕立てになっていますから、主人公の山崎健司（ケンジ）になったつもりで、ビジネスの現場を疑似体験してみましょう。また、リーディング中心の偶数章では、実際に現場で用いられている素材をもとにした問題を用意しています。ジャンル別のスタイルに慣れるための最終ステップです。

最後に、奇数章の **Jump!** のストーリー設定をまとめておきましょう。

|  | 日本側 | アメリカ側 |
|---|---|---|
| 企業 | Lifestyle Co., Ltd.<br>（ライフスタイル社）<br>生活用品、インテリア、住宅設備などの企画・製造・販売会社。自社ブランドの製品で世界市場への展開をねらう。 | Great Ideas Corporation<br>（グレートアイデア社）<br>アメリカの生活用品メーカー。ライフスタイル社の持つ新製品開発力を評価し、提携を進める。 |
| 主な登場人物 | Kenji YAMAZAKI（山崎健司）<br>主人公。大学の法学部卒で、入社3年目。希望どおり法務部に配属され、特許・意匠・商標関連を担当。ロックさんの来日時の応対役。 | Sandra LOCKE（サンドラ・ロック）<br>交渉役として来日。山崎健司の応対を高く評価する。 |

# Getting Global!

## Table of Contents

| Chapter | Title | Listening Focus / Getting to Know the Style | Page |
|---|---|---|---|
| | **Getting Started...** | | |
| 1 | Telephone 1<br>電話に応対する | イントネーション | 1 |
| 2 | Business Email<br>Eメールを読む | Eメール | 6 |
| 3 | Telephone 2<br>正確な情報を得る | ポーズ（間） | 11 |
| 4 | Business Letter<br>ビジネスレターを読む | ビジネスレター | 16 |
| 5 | At the Reception Desk<br>受付の英語 | 省略される音（音の短縮） | 21 |
| 6 | Corporate Websites<br>ウェブサイトを閲覧する | 企業のウェブサイト | 26 |
| | **Search & Explain** | | |
| 7 | Company Profile<br>会社について説明する | アクセント | 31 |
| 8 | Product Advertisements<br>新製品広告を読み解く | 広告文 | 36 |
| 9 | Your Job<br>自分の仕事を説明する | 弱く発音される音<br>（音の弱化） | 41 |
| 10 | Product Specifications<br>製品の仕様書を確認する | 製品の仕様書 | 46 |
| 11 | Business Plans<br>将来の展望について話す | つながって聞こえる音<br>（音の連結） | 51 |
| 12 | Operating Instructions<br>操作マニュアルを理解する | 操作マニュアル | 56 |

| Chapter | Title | Listening Focus / Getting to Know the Style | Page |
|---|---|---|---|

## Read & Explore

| | | | |
|---|---|---|---|
| 13 | Talking about the News<br>時事的会話を楽しむ | リズム | 61 |
| 14 | Science News<br>英字新聞の構成 | 英字新聞 | 66 |
| 15 | Tourist Information<br>観光地を案内する | 融合する音（音の同化） | 71 |
| 16 | Safety Signs<br>標識の英語に慣れる | 安全標識 | 76 |
| 17 | Dinner Talk<br>食事の席での歓談 | 聞こえなくなる音<br>（音の脱落） | 81 |
| 18 | Abstracts<br>論文アブストラクトを読む | 論文アブストラクト | 86 |

## Research & Presentation

| | | | |
|---|---|---|---|
| 19 | Preparation for Meetings<br>会議の準備をする | 変化する音（音の変形） | 91 |
| 20 | Data and Graphs<br>グラフを解説する | データとグラフ | 96 |
| 21 | Presentation 1<br>プレゼンテーションで役立つ表現 | ポーズ2 | 101 |
| 22 | Presentation 2<br>スライドを活用する | スライドとスライド説明 | 106 |
| 23 | Various Requests<br>依頼に対応する | シャドウイング | 111 |
| 24 | Patent Description<br>特許明細書の様式 | 特許明細書 | 116 |

# Chapter 1 • Telephone 1

電話に応対する

電話の応対は、慣れないうちは誰でも緊張するものです。電話でやりとりされる内容やその順序はあらかじめ想定できるものが多いため、場面に応じたいくつかの基本パターンを身につけておけば、あわてずに応対することが可能です。ここでは電話の受け方、取り次ぎや不在処理などについて学びます。

**Warm Up**

次のフローチャートは、電話に応対する際の一般的な会話の順序を示したものです。各場面で使用される表現の特徴は、**簡潔さと礼儀正しさ**です。

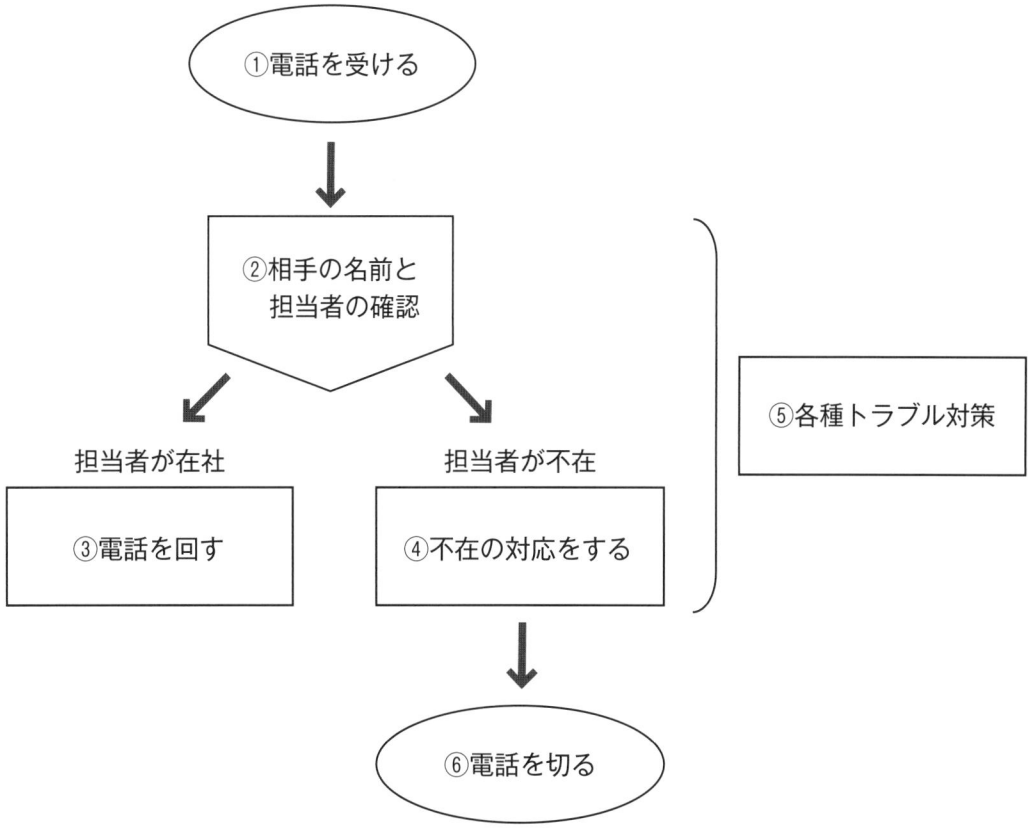

**Quiz** 🎧 DL 002　💿 CD1-02

音声を聴いて、各表現が上の①～⑥のどの場面で用いられるか答えましょう。

**1.** (　　)　　**2.** (　　)　　**3.** (　　)

# Hop!

電話での応対は音声のみに頼るコミュニケーションのため、**イントネーション（抑揚）**にも気をつけなければなりません。ここでは、各場面での基本語彙と表現を学びながら、イントネーションの練習をしましょう。

**1** 以下は、Warm Up の①〜⑥のどの場面で用いられる表現でしょうか。音声を聴いて（　）に適切な番号を書き入れましょう。　　　DL 003　　CD1-03

1. Let me transfer this to the person in charge. ____　　　　　　　　　（　　）
2. Please feel free to call anytime. ____ Thank you for calling. ____　　（　　）
3. Excuse me, but could you speak a little louder, please? ____　　　　（　　）
4. Thank you for calling. ____ This is Lifestyle. ____　　　　　　　　（　　）
5. Mr. Suzuki is on a business trip this week. ____　　　　　　　　　　（　　）
6. May I have your name, please? ____　　　　　　　　　　　　　　　（　　）

**2** 下の LISTENING FOCUS を読み、**1** の音声をもう一度聴きましょう。1〜6の文のイントネーションは、上昇調（↗）、下降調（↘）のどちらにあたるでしょうか。例を参考にテキストに書き入れましょう。

例：Thank you for calling.　↘

### LISTENING FOCUS　　イントネーション

イントネーションが正しくないと意味が正しく伝わらないことがあります。イントネーションの区切りが一つの塊ととらえられるので、単語を一つ一つ分解して発音すると、いくら正しい発音をしていても意味が理解しづらくなるからです。イントネーションには、質問や疑問文の形をしている依頼文に用いる**上昇調**（↗）と、平叙文や疑問詞を用いる疑問文に用いる**下降調**（↘）と、断定を避けるようなあいまい表現に使用する**平坦調**（→）の3つの基本型があります。

Chapter 1 …. Telephone 1

**3** 空所に入る適切な語を選択肢から選んで書き入れましょう。また、音声を聴き、イントネーションに注意しながら声に出して英文を読んでみましょう。

DL 004  CD1-04

1. I need to ask you to (          ) for a moment, please.　少々お待ちください。

2. It's Ms. Locke (          ) Great Ideas Corporation. She is on line two.
グレートアイデア社のロックさんです。内線2番でお待ちです。

3. Mr. Yamazaki is (          ) from his desk.　山崎は席を外しております。

4. I'm afraid she's not (          ) right now.
彼女はただいま在社しておりません。

5. Mr. Suzuki is (          ) to be back by 5 o'clock.
鈴木は5時までに帰社する予定でございます。

6. I'll make (          ) Mr. Yamazaki calls you when he returns.
山崎が戻りましたら、必ず電話するように申し伝えます。

7. We have three Yoshidas here. Which Yoshida would you (          ) to speak to?
弊社には、吉田が3人おります。どの吉田に取り次ぎましょうか。

| sure | of | like | scheduled | in | away | hold |

**4** 英文を読み、T/F 問題に答えましょう。　DL 005  CD1-05

### Answering Phone Calls

Making a good first impression over the phone is critical for businesses. There are many things you need to keep in mind, but the most important is being brief and polite. When answering the phone, always identify yourself and your organization. For example, you can say "Thank you for calling ABC Electronics. Mary Jones speaking." You need to speak slowly and clearly so that the caller can understand what you are saying. Also, make sure you sound warm and friendly. Remember that the caller cannot see your face or body language.

1. When answering the phone, you need to identify your name and company name.　T / F
2. When you are talking, you should use body language.　T / F

3

 **Step!**

電話のやりとりでは、イントネーションだけでなくわかりやすい発音も大切です。ここでは、電話のやりとりで重要な情報となる数字表現の読み方を学びながら、数字の聴き取りを練習しましょう。

**1** 音声を聴き、以下の数字の基本的な読み方をルールに注意しながら読んでみましょう。

DL 006　CD1-06

1. 35,489,800,909 ［大きな数字］
   thirty-five billion, four hundred eighty-nine million, eight hundred thousand, nine hundred and nine

2. 9:15 a.m. ［時刻］
   nine fifteen a.m. [ei em] / fifteen past nine in the morning

3. ¥1,000 ［金額］
   one thousand yen

4. 125-2323, Extension 105 ［電話番号］
   one two five, two three two three, Extension one oh five

**2** 音声を聴き、それぞれの数字表現を書き取りましょう。　DL 007　CD1-07

大きな数字
1. _____　2. _____

時刻
3. _____　4. _____　5. _____

金額
6. _____　7. _____

電話番号
8. _____　9. _____　10. _____

4

Chapter 1 •••• *Telephone 1*

# 🎵 Jump!

以下の場面設定を読んでから音声を聴き、設問に答えましょう。

> **Situation:** ライフスタイル社の法務部（商標や特許など会社の知的財産を保護したり、法的な問題の処理を行う部署）に所属するケンジ（山崎健司）に電話がかかってきました。電話を取ったオペレーターが対応しています。

**1** 会話の内容と合っているものには T、合っていないものには F を書き入れましょう。

🎧 DL 008　💿 CD 1-08

1. 電話をかけてきた人はケンジの同僚である。　　　　　　　　　　（　　）
2. ケンジは、電話がかかってきた時は席を外していた。　　　　　　（　　）
3. ロックさんは、最終的にケンジと話すことができた。　　　　　　（　　）

**2** 以下は **1** の会話です。空所に入る適切な文を選択肢から選びましょう。その後、音声を聴いて正解を確認しましょう。

*Operator:* Thank you for calling. This is Lifestyle.
*Locke:* Hello, may I speak to Mr. Yamazaki, please?
*Operator:* (　　¹　　)
*Locke:* This is Sandra Locke of Great Ideas Corporation.
*Operator:* (　　²　　) [*Pause*] Mr. Yamazaki, you have a call from Ms. Locke of Great Ideas Corporation. (　　³　　)
*Kenji:* Hello, this is Yamazaki. Thank you for calling, Ms. Locke.

> **a.** On line one.
> **b.** May I have your name, please?
> **c.** Hold on a minute, please.

# Chapter 2 ● Business Email

Eメールを読む

Eメールは今やビジネスシーンにおける主役、ライティング・スキルの中でも最低限身につけておく必要があるものの一つです。時間が勝負のビジネスの現場ですので、本文は時候の挨拶などビジネスに関係のないことは省かれ、すぐに用件が切り出されます。

Eメールを書く際には、情報の置き方、定型表現、定型フォーマットについて知っておく必要があります。文の書き出しは字下げせず、段落間は空白行を一行入れるのが一般的です。

---

① **Date:** November 20
② **From:** Mark Stevens
③ **To:** Yumi Tanaka
④ **Subject:** Interview result

---

⑤ Dear Ms. Tanaka,

⑥ Thank you for the presentation you gave last week. I want you to know how impressed I am with your dedication to work. We are confident that you will enjoy a rewarding career at Good Food Co., Ltd.

More information will follow within a week.

⑦ Sincerely,

⑧ Mark Stevens
mstevens@goodfood.com

---

各項目に該当する番号を上の①～⑧から選びましょう。
**1.** 件名（　　　）　　**2.** あいさつ（　　　）　　**3.** 署名欄（　　　）

Chapter 2 ···· *Business Email*

Eメールの構成について学びましょう。

**Getting to Know the Style**　Eメール

Eメールの構成は、あいさつ→本文→結びの言葉→署名欄という流れになっています。

① **Date:** 送信日
② **From:** 差出人の名前／Eメールアドレス
③ **To:** 受取人の名前／Eメールアドレス
④ **Subject:** 件名。読み手の注意を促すだけでなく、用件がひと目でわかり、検索しやすいように、具体的な内容であるほうが望ましいとされています。RSVP（折り返し返事されたし）のような略語もよく使われます。

⑤ **あいさつ (Salutation)**：「Dear Mr./Ms. 氏名（姓だけが多い）,(:)」が使われますが、送る相手の名前がわからない場合は、Dear Sir/Madam, が使用されます。社内メールや親しい相手には、親しみを込めてファースト・ネームで To Sally などと呼びかけることも多く見られます。

⑥ **本文 (Body)**：すぐに用件に言及し、簡潔に書くのがポイントです。一つのメールにいくつも案件を盛り込むことは避けたほうがよいでしょう。よくあるビジネスメールの用件としては、お知らせ (notification)、指示 (instruction)、お願い (request)、苦情 (complaint) などがあります。

⑦ **結びの言葉 (Complimentary Close)**：代表的なものは、Sincerely, です。

⑧ **署名欄 (Signature Line)**：差出人の名前、所属部署、社名、Eメールアドレスなど、連絡先の情報が掲載されます。

**1** Warm Up のEメールの本文について、以下の設問に答えましょう。

**1.** どの用件を述べているのかを選びましょう。
　　**a.** notification　　**b.** instruction　　**c.** request　　**d.** complaint

**2.** 本文の内容と合っているものにはT、合っていないものにはFを書き入れましょう。
　　**a.** Ms. Tanaka works for Good Food Co., Ltd.　　　　　　　　　　（　　）
　　**b.** Ms. Tanaka had the job interview last week.　　　　　　　　　（　　）
　　**c.** The result of her job interview was not successful.　　　　　　（　　）
　　**d.** Ms. Tanaka will visit the Good Food Co., Ltd. office a week later.　（　　）

**2** Eメールの構成について、以下の設問に答えましょう。

**1.** 件名としてふさわしくないものを a～d から選びましょう。
  **a.** New email address      **c.** FYI
  **b.** Reply                  **d.** Next VX shipment

**2.** あいさつとしてふさわしくないものを a～d から選びましょう。
  **a.** Dear Customers         **c.** Dear Mr. Thompson
  **b.** To Tom                 **d.** Thompson

**3.** a～d の文は、それぞれどのような用件を述べているでしょうか。選択肢から選びましょう。

  **a.** Send me all the customer lists you have for the northern area in Osaka.
   notification    instruction    complaint

  **b.** I would appreciate it if you'd send this message to the appropriate person.
   notification    request    complaint

  **c.** Ms. Midori Tanaka is the winner of our monthly sales contest.
   notification    instruction    request

  **d.** I am writing to express my displeasure with your sales report.
   instruction    request    complaint

Chapter 2 · Business Email

# 📖 Step!

電話と同様、Eメールにも**定型表現**があります。ここでは、本文によく使われる表現について学習しましょう。

**1** 各表現が表している内容として最もふさわしい選択肢をa～eから選びましょう。

1. We would appreciate it if you would contact us as soon as possible. (　)
2. I am contacting you for the following reason. (　)
3. It was a pleasure meeting you in Tokyo last month. (　)
4. I am writing to express my dissatisfaction with your product. (　)
5. We look forward to a successful working relationship. (　)

> **a.** Eメールを送った理由　　**b.** 苦情　　**c.** 依頼
> **d.** 以前の面会に関する言及　　**e.** 将来のビジネスに関する言及

**2** それぞれの内容を表す文になるように、空所に当てはまる語句を選択肢から選んで書き入れましょう。その後、音声を聞いて解答を確認しましょう。 🎧 DL 009　💿 CD1-09

1. **Closing remark**（締めくくりの言葉）

   If I can help in any way, please do not (　　　　　　) to contact me.

   `call    hope    disturb    hesitate`

2. **Referring to future contact**（今後の連絡についての言及）

   I would appreciate a reply at your (　　　　　　) convenience.

   `good    earliest    latest    sooner`

3. **Offering help**（支援の申し出）

   Our company would be (　　　　　　) to help you.

   `willing    sorry    regretful    afraid`

4. **Complaining**（苦情）

   I am writing to express my (　　　　　　) with the payment delay.

   `pleasure    dissatisfaction    gratitude    agreement`

5. **Clarifying**（確認）

   There are several points we do not quite understand. There may have been (　　　　　　) between us.

   `a misunderstanding    an agreement    a disappointment    information`

9

## Jump!

では、応用問題にトライしましょう。

以下のEメールを読んで、設問に答えましょう。

**From:** Yoko Tani
**Subject:** New hiring

To all,

We would like to inform you that next spring there will be ( <sup>a</sup> ) hiring. Our poor business performance over the past year has forced us to take this action.

This ( <sup>b</sup> ) was a tough one to make, but we must look to ( <sup>c</sup> ) costs to survive in the competitive market.

Let's keep our morale high!

Yoko Tani
tyoko@YZcompany.com

**1.** 空所 a 〜 c に当てはまる語句をそれぞれ選んで書き入れましょう。
  **a.** no less   no more   more   best
  **b.** decision   requirement   complaint   responsibility
  **c.** boosting   raising   cutting   increasing

**2.** このEメールの用件を適切に表している選択肢を選びましょう。
  **a.** 提案の拒絶   **c.** 解雇の通知
  **b.** 規則違反の注意   **d.** 新規採用の中止の通知

**3.** このEメールについて正しい選択肢を選びましょう。
  **a.** このメールは社内メールである
  **b.** 谷さんの会社の業績は、来年落ち込むことが見込まれる
  **c.** 谷さんは、コスト削減以外に業績をアップする方法を提案している
  **d.** このメールは、意欲を持って仕事をするように谷さんに要請している

# Chapter 3 ● Telephone 2

正確な情報を得る

電話応対の際、簡潔さと礼儀正しさとともに注意を払うべきなのは、正確さです。ミスコミュニケーション（聴き間違い・誤解）は双方にとって大きなマイナスですから、聴き取った情報に自信が持てないときは、臆せず確認する気持ちが重要です。

電話において正確な情報を受け取るには、相手に復唱してもらったり、スペリングを知らせてもらったりすることが重要です。遠慮せず、かつ丁寧に、情報を繰り返してもらうよう依頼しましょう。ここで学ぶ表現は、主に次の3つのタイプです。

相手の基本情報を受け取る表現
- ① 氏名の確認
- ② 電話番号の確認
- ③ 住所の確認

基本的な用件について調整・伝達する表現
- ④ スケジュールの延期・変更などの調整
- ⑤ 用件伝達の依頼

間違えやすい情報を確認する表現
- ⑥ 数字の確認
- ⑦ スペリングの確認

音声を聴いて、各表現が上の①〜⑦のどれに当てはまるか答えましょう。
1. (      )  2. (      )  3. (      )

## Hop!

電話において正確な情報を聴き取るための基本語彙と表現を学びながら、ポーズの置き方について学びましょう。

1. 以下は、Warm Up の①〜⑤のうち、どのタイプの表現でしょうか。音声を聴いて（　）に適切な番号を書き入れましょう。　DL 011　CD1-11

1. I'm afraid I have another appointment at that time.　（　）
2. May I have your phone number, please?　（　）
3. I'm sorry, but may I ask who's calling again, please?　（　）
4. Would it be possible to postpone the meeting until Friday?　（　）
5. Please let him know about the new schedule.　（　）
6. Could you give me your address again, please?　（　）

2. 下の LISTENING FOCUS を読み、1 の音声をもう一度聴きましょう。また、ポーズに注意しながら声に出して英文を読んでみましょう。

### LISTENING FOCUS　ポーズ（間）

定型化した表現の場合は明確なポーズを置かないこともありますが、正確さを期するために強調したい語句の前にポーズを置き、ゆっくり発音すると効果的です。ポーズを置く箇所としては、書き言葉でカンマのある箇所、数値表現の前、重要な接続詞の前、固有名詞の前などが一般的です。

例：I'm sorry, / but may I ask who's calling again, / please?

Chapter 3 ···· *Telephone 2*

**3** 空所に入る適切な語を選択肢から選んで書き入れましょう。また、音声を聴き、ポーズに注意しながら声に出して英文を読んでみましょう。　DL 012　CD1-12

1. How do you (　　　　　) your name, please?
   お名前の綴りを教えていただけますか。

2. I'd like to (　　　　　) the time for our meeting.
   会議の時間を決めたいのですが。

3. Do you mind if we (　　　　　) it to next week?
   それを来週まで延期してもかまいませんでしょうか。

4. Could you tell her about the (　　　　　)?
   彼女に（日程の）延期についてお伝え願えますか。

5. Would it be possible for you to (　　　　　) our meeting to 2 p.m.?
   会議を午後2時に変更していただけますでしょうか。

6. Would you (　　　　　) the question, please?
   もう一度質問をおっしゃっていただけますか。

| spell | repeat | fix | reschedule | postponement | postpone |

**4** 以下の留守番電話メモを読み、T/F 問題に答えましょう。　DL 013　CD1-13

**Telephone Message**
To: Mary Hansen　　　Taken by: Josh Parker
From: James Wilson　　Time: 11:20 a.m.　　Date: October 14, 2018
☑ Please call 206-5555-1234　☐ Returned call　☐ Will call again　☐ Urgent

*Message*
James from XYZ Company called when you were out. He wants to know if it is possible to postpone the next project meeting until next month. He will be away from his office this afternoon, so please call his cell phone or send him an email.

1. It was Josh that called Mary.　T / F
2. James wants to have a meeting with Mary in December.　T / F

13

## Step!

音声だけでは把握しづらい情報をわかりやすく伝える方法を学び、発音の練習をしましょう。

**1** 音声を聴き、以下の情報の読み方を確認しましょう。　　DL 014　CD1-14

1. 数値 ["-teen" と "-ty" は一桁ずつ言い直す]
   15 → fifteen, one five
   50 → fifty, five zero (five oh)

2. 大文字と小文字の区別
   OSAKA → OSAKA, in capitals
   suzuki → suzuki, in small letters
   Kyoto → Kyoto, capital K, small y, o, t, o

3. 記号
   @（アットマーク）→ at
   /（スラッシュ）→ slash
   inquiry@uni.ac.jp → inquiry at uni dot ac dot jp
   www.uni.ac.jp/access → www dot uni dot ac dot jp slash access

4. スペリング [アルファベットを一文字ずつ発音する、わかりやすい例をあげる]
   Locke → L, o, c, k, e
   Locke → L London, o Oxford, c Cambridge, k Kent, e England
   Locke → L for London, o for Oxford, c for Cambridge, k for Kent, e for England
   Locke → L as in London, o as in Oxford, c as in Cambridge, k as in Kent, e as in England

**2** 音声を聴き、それぞれの情報を書き取りましょう。　　DL 015　CD1-15

1. _____（数値）

2. _____（数値）

3. _____（大文字と小文字の区別）

4. _____（記号）

5. _____（スペリング）

Chapter 3 ···· *Telephone 2*

## 🎵 Jump!

以下の場面設定を読んでから音声を聴き、設問に答えましょう。

> **Situation:** ライフスタイル社の法務部に所属するケンジに、グレートアイデア社のロックさんから予定変更の電話がかかってきました。

**1** 1と2の日付を答えましょう。　　　　　　　🎧 DL 016　💿 CD1-16

1. もともとミーティングが予定されていた日　　（　　　　　　　　）
2. スケジュールの再調整後、ミーティングが設定された日　（　　　　　　　　）

**2** 以下は **1** の会話です。空所に入る適切な語を、選択肢から選んで書き入れましょう。その後、音声を聴いて正解を確認しましょう。

*Locke:* Hello. This is Sandra Locke. Is this Mr. Yamazaki?

*Kenji:* Yes, hello, Ms. Locke. What can I do for you today?

*Locke:* I'm calling to fix another time for our meeting in Osaka because I couldn't get a flight to Japan on August 17th. Could we (　　　　　¹⁾ ) it until the end of the month?

*Kenji:* Let me check my schedule. Just a moment. Yes, here we are. Which day are you thinking of?

*Locke:* The thirtieth of August. Does that suit you?

*Kenji:* August 30th? Let me see. I'm afraid I already have a conference on that day. How (　　　　　²⁾ ) the 31st?

*Locke:* That sounds fine. I'll check on the flights and I'll (　　　　　³⁾ ) you know my schedule as soon as I book a ticket.

*Kenji:* OK. Thank you for calling. Goodbye for now.

*Locke:* I'll be in touch.

| about | let | postpone |

15

# Chapter 4 ● Business Letter

ビジネスレターを読む

ビジネスレターは、ファックスや E メールに並ぶ基本的な情報発信手段の一つです。近年では情報のやりとりは E メールが主流となっていますが、ビジネスシーンにおける重要な文書として今でも頻繁に利用されます。

## Warm Up

ビジネスレターの定型フォーマットはいろいろですが、代表的なものを覚えておくといいでしょう。以下は、Full-block style（全て左寄せ）で書かれている文書です。

---

① **A & P Travel Agent**
3017 45th St.
Fairmont Hills, IL 60667
Tel (718) 546-3245

② July 7, 2015

③ Mr. Fredrik Mills
Chief of the General Affairs Section
XYZ Corp.
23 Debby Drive
Habart, IL 60505

④ Dear Mr. Mills:

⑤ I am writing to inform you about your company's summer travel reservations. Your air tickets and hotels have just been confirmed, so we would like you to pay for half of the trip by the end of the month. We accept both credit cards and cash. Please write to us or call our office to let us know how you would like to pay. If you have email, please mail me at tanybed@ap.com.

⑥ Sincerely,

⑦ *Tanya Bedford*
Tanya Bedford
Customer Service Representative

⑧ TB

---

## Quiz

手紙の差出人と受取人にあたる部分を上の①〜⑧から探し、○で囲みましょう。

Chapter 4 ···· *Business Letter*

 **Hop!**

ビジネスレターの構成について学びましょう。

**Getting to Know the Style** ビジネスレター

レターヘッド（Letterhead）：便箋の上部に印刷された会社名、所在地、電話番号、Eメールアドレスなどのことをいいます。

受取人住所（Inside Address）：通常封書は処分されますので、受取人の氏名や住所がわかるように書面にも書きます。受取人住所の記述の順番は氏名、役職名、社名、住所の順に並べます。

あいさつ（Salutation）・結びの言葉（Complimentary Close）：さまざまな種類があります。受取人の氏名がわかっている場合のあいさつは、「Dear Mr./Ms. 姓」ですが、受取人が不明の場合 Dear Sir/Madam が用いられます。結びの言葉の代表的なものは Sincerely, や Yours sincerely, や Sincerely yours, です。

署名（Signature）・文書責任者情報（Identification Initials）：これがあるのがビジネスレターの特徴です。文書責任者情報は文書を作成した人物の名前のイニシャルです。文書作成の依頼者、文書作成者、タイプした人物がそれぞれ異なる場合があります。その場合、文書作成者のイニシャルに続けてスラッシュ（/）またはコロン（:）を置き、タイピストのイニシャルを小文字で記載します。

**1** 以下に該当する項目を、Warm Up のビジネスレター中の①〜⑧から選びましょう。

1. 文書責任者情報　　（　　）
2. レターヘッド　　　（　　）
3. 受取人住所　　　　（　　）
4. 結びの言葉　　　　（　　）
5. あいさつ　　　　　（　　）
6. 署名　　　　　　　（　　）

17

**2** ビジネスレターの構成について、以下の設問に答えましょう。

**1.** a～d の情報を並べ替えて、正しいレターヘッドの順にしましょう。
- **a.** (0120) 03-1234
- **b.** Shinagawa-ku, Tokyo 141-0001
- **c. Tokyo Heavy Industries, Ltd.**
- **d.** Brain Park Tower, 2-2 Osaki 6-chome

(　　) → (　　) → (　　) → (　　)

**2.** a～d の情報を並べ替えて、正しい受取人住所の順にしましょう。
- **a.** IMT Machinery
- **b.** Section Manager
- **c.** 1324 Maple Street, Long Island, NY 11747
- **d.** Mr. Tomonori Matsumoto

(　　) → (　　) → (　　) → (　　)

**3.** ビジネスレターの送り先が人事部長の Catherine Johnson さん宛てである場合、どのあいさつを使えばよいでしょうか。
- **a.** Dear Sir/Madam　　**b.** Dear Mr. Johnson　　**c.** Dear Ms. Johnson

**4.** 次の人物で文書責任者情報を入れる場合の、正しい記載法を選びましょう。
文書作成者：Ken Kosugi
タイピスト：Mariko Takano
- **a.** MT/kk　　**b.** KK:mt　　**c.** KK/Mt　　**d.** Mt:Kk

Chapter 4 · Business Letter

# 📖 Step!

ビジネスレターにも E メール同様に**定型表現**があります。よく使われる表現について学習しましょう。

**1** 英文を読んで、それぞれが表している内容としてふさわしい選択肢を a 〜 d から選びましょう。

**1.** This is just to inform you that we have shipped the Power 251 routers. They were sent yesterday via express mail. (　　)

**2.** Please inform us of all necessary actions in advance of the next meeting. We need to coordinate all the projects very carefully. (　　)

**3.** We are sorry to inform you that you were not selected to continue the application process. (　　)

**4.** I am afraid that we will have to change our project schedule. (　　)

> a. 予定の変更　　b. 結果通知　　c. 注文の発送　　d. 指示の要求

**2** 空所に入る適切な語を選んで書き入れましょう。その後、音声を聴いて答えを確認しましょう。　　🎧 DL 017　💿 CD1-17

**1.** I am (　　　　　　　) to you about your reservation request for November 5 to 10.
　thanking　writing　offering　making

**2.** I would (　　　　　　　) it if you could help with our project.
　apologize　acknowledge　apprehend　appreciate

**3.** We all look (　　　　　　　) to hearing from you.
　forward　for　around　backward

**4.** Please (　　　　　　　) the personnel director by August 2 if you would like to attend the party.
　say　report　notify　speak

19

 **Jump!**

では、応用問題にトライしましょう。

以下のビジネスレターを読んで、設問に答えましょう。

---

September 6, 2015

ICQ Tec.
251 W. 10th Street
New York, NY 10014

Dear Sir,

I am writing to inquire about the possibility of purchasing parts for your Wordclick #254. I have been using it for several years, but the paper holder has broken. I have already called several stores about replacement parts, but none of them carry the product any more.

If you have any of the parts I need, please contact me at (798) 243-5566 or email me at dvpark@ocean.com.

I hope you might be able to help me out in this regard.

Sincerely,

**David Parker**
David Parker

---

**1.** この手紙の差出人は誰ですか。
　　**a.** ICQ Tec.　　**b.** David Parker　　**c.** Uncertain

**2.** この手紙の内容の要約として最も適切なのは次のうちどれですか。
　　**a.** 部品の製造番号の確認　　**b.** 製品の修理依頼　　**c.** 部品の入手の可否

**3.** この手紙の差出人が回答をもらう際に望んでいない手段はどれですか。
　　**a.** 手紙で　　**b.** Eメールで　　**c.** 電話で

# Chapter

## 5 ● At the Reception Desk

受付の英語

来客に対して社内で最初に接することになる受付担当者は、会社の重要な「顔」の一つです。社屋の構造や各部署の場所、移動のための適切な道筋について熟知するとともに、的確に案内する表現を身につけていることが求められます。受付担当者になったつもりで練習してみましょう。

**Warm Up**

これは、英語版のフロアマップです。手際よく案内することを想定し、どこに何があるかを確認しておきましょう。

**5th floor**

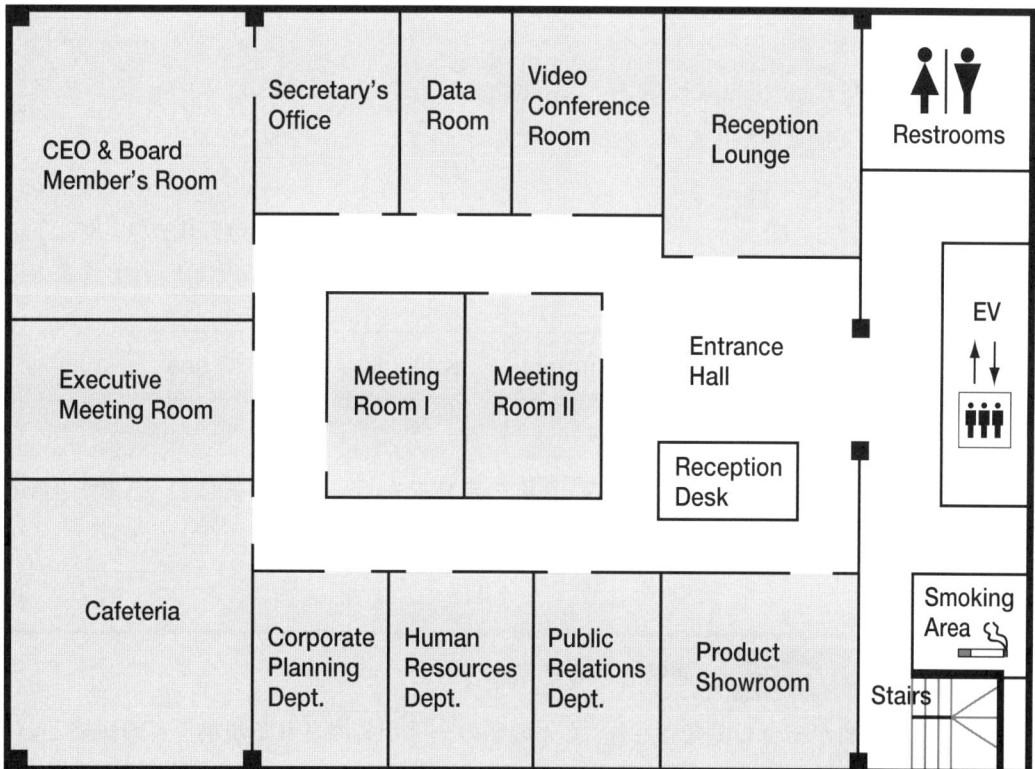

**Quiz** 　　　　　　　　　　　　　　　　　　　DL 018　　CD1-18

音声を聴いて、やりとりに登場する場所を上の地図から探して〇をつけましょう。

## Hop!

来客対応の際に必要な基本語彙と表現を学びながら、音の短縮について学びましょう。

**1** 空所に入る適切な語句を選択肢から選んで書き入れましょう。その後、音声を聴いて正解を確認しましょう。　　　　　　　　　　　　　DL 019　　CD1-19

1. I'd like to (　　　　　　　　) Mr. Smith.
   スミスさんにお会いしたいのですが。

2. Do you have (　　　　　　　　)?
   お約束はされていますか。

3. I'm (　　　　　　　　) to see him at 2 o'clock this afternoon.
   午後2時にお会いすることになっています。

4. I'll see if he's (　　　　　　　　) now.
   今在席かどうか確認いたします。

5. He'll be (　　　　　　　　) you soon. You can wait over there, if you like.
   すぐに参ります。よろしければあちらでお待ちください。

   | supposed | an appointment | available | with | see |

**2** 下の LISTENING FOCUS を読み、**1** の音声をもう一度聴きましょう。また、音の短縮に注意をしながら声に出して英文を読んでみましょう。

### LISTENING FOCUS　　省略される音（音の短縮）

隣り合う語と語が結合して発音され、もとの語の一部が省略される現象を音の短縮といいます。書き言葉においてアポストロフィー（'）を使って短縮された箇所を示すことが多く、よく知られた現象ですが、リスニングの際には注意が必要です。パターンは限られていますので、この機会に復習しておきましょう。

例：You are ⇒ You're　　He has ⇒ He's　　I would ⇒ I'd　　could not ⇒ couldn't

## 3 空所に入る適切な語を選択肢から選んで書き入れましょう。また、音声を聴き、音の短縮に注意しながら声に出して英文を読んでみましょう。　DL 020　CD1-20

1. I'm supposed to (　　　　) a meeting at 3:00.
   3時からの会議に出席することになっています。

2. We've been (　　　　) you.
   お待ちしておりました。

3. I'll let her (　　　　) you are here.
   お見えになったことを伝えます。

4. I'm afraid he's in a meeting at the (　　　　).
   あいにく彼はただいま会議中です。

5. I'm sorry to have (　　　　) you waiting.
   お待たせして申し訳ありません。

> kept　know　expecting　attend　moment

## 4 英文を読み、T/F 問題に答えましょう。　DL 021　CD1-21

**How To Be A Good Receptionist**

To be a successful receptionist, the first thing you need is good communication skills. Good receptionists always welcome people with a warm greeting and a smile. They know that they are responsible for creating the best first impressions of their businesses. Keeping your appearance tidy is also very important. You need to look neat and clean. Don't dress too casually or wear too many accessories. Finally, you have to learn as much about your office as possible. A large part of your job is to direct visitors to where they need to go. You need to be prepared to answer various kinds of questions from visitors.

1. When greeting visitors, receptionists should smile and give good impressions of their company.　T / F
2. Receptionists can wear as many accessories as they want.　T / F

## Step!

目的の場所への案内のしかたを学びましょう。パターンを身につければ、それほど難しくはありません。

音声を聴き、空所に入る適切な語を書き入れましょう。最初の1文字は与えてあります。

DL 022　CD1-22

1. Go straight to the ( e　　　　 ) of the hall.
   廊下のつきあたりまでまっすぐ進んでください。

2. ( M　　　　 ) a left at the first corner. / Turn left at the first corner.
   最初の角で左に曲がってください。

3. The meeting room is on the right ( s　　　　 ).
   会議室は右側にあります。

4. Go ( u　　　　 ) using the stairs at the back.
   うしろの階段で上の階に行ってください。

5. Take the elevator to the ( s　　　　 ) floor.
   エレベーターを使って7階まで行ってください。

6. ( F　　　　 ) the sign in the elevator hall.
   エレベーターホールにある案内に従ってください。

7. You need this access card to ( e　　　　 ) that area.
   そのエリアに入るにはこのアクセスカードが必要です。

8. If you have a problem, please do not hesitate to call the ( r　　　　 ) desk.
   何かございましたら、受付までお気軽にお電話ください。

9. Let me show you to the meeting room. This ( w　　　　 ), please.
   会議室までご案内いたします。こちらへどうぞ。

10. Go downstairs and you'll find restrooms on ( y　　　　 ) right.
    下の階へ降りられると、右手にトイレがあります。

Chapter 5 ···· *At the Reception Desk*

## :: Jump!

以下の場面設定を読んでから音声を聴き、設問に答えましょう。

> **Situation:** グレートアイデア社からロックさんが来社し、受付で話をしています。鈴木部長と会うことになっているようですが、部長は会議中です。

**1** 質問に対して、会話の内容に合う選択肢を選びましょう。　DL 023　CD1-23

1. ロックさんの今回の来社の用件は何でしょうか。
   a. 4時からの会議に出席
   b. パーティー前に鈴木部長と面談
   c. 近郊の観光スポットについて情報収集

2. ロックさんは、このあと何をするでしょうか。
   a. 待ち時間を社内で過ごす
   b. 鈴木部長と打ち合わせをする
   c. 外のカフェでコーヒーを飲む

**2** 以下は **1** の会話の一部です。空所に入る適切な語を、選択肢から選んで書き入れましょう。その後、音声を聴いて正解を確認しましょう。　DL 024　CD1-24

*Receptionist:* Would you like to wait or come again later?
*Locke:* Well, I have an hour to kill. Is there (　　　　1) you could recommend to do or see around here in an hour?
*Receptionist:* Well, we have a small company (　　　　2) and a café on the top floor of this building, where you can see an exhibition of products (　　　　3) by our company.
*Locke:* That sounds interesting.

| developed | anything | museum |

# Chapter 6 ● Corporate Websites

ウェブサイトを閲覧する

いわば企業の「顔」とも言えるウェブサイトは、文字情報や画像により、企業イメージやメッセージをダイレクトに伝えることができます。ウェブサイトのデザインや情報量は企業によって異なりますが、ある程度共通のスタイルがあります。

## Warm Up

ウェブページの中でも企業のトップページは、企業イメージ、理念、活動を一望できるように、文字情報を制限し、視覚イメージによっても伝わるような工夫がなされています。閲覧者は、知りたい情報を探せるよう、キーワードに習熟しておく必要があるでしょう。

http://konicaminolta.com

## Quiz

この企業の日本国内の所在地が知りたい場合、どこをクリックすればよいでしょうか。キーワードを上から探して書き出しましょう。　　　　（　　　　　　　　　　　）

Chapter 6 .... *Corporate Websites*

 **Hop!**

企業のウェブサイトの基本的な構成を学びましょう。

---

**Getting to Know the Style** 　企業のウェブサイト

企業のウェブサイトには、たとえば以下のような項目が設けられ、情報が分類されて提示されます。

**企業情報（Corporate Information）**
事業領域や沿革、社長のあいさつなどが掲載されます。

**株主・投資家関連情報（Investor Relations）**
略して IR とも言われ、経営計画、株価情報、業績などが公表されています。

**環境保全活動（Sustainability）**
企業の環境保護活動の紹介です。

**ニュース（News Releases）**
企業がメディアに向けて発信した情報が公開されています。

**研究開発（Research and Development）**
略して R&D とも言われます。企業が開発している技術情報を載せています。

---

**1** 以下のどの項目に、a～e の情報が分類されるでしょうか。

1. Research & Development (R&D)　　（　　）
2. Investor Relations　　　　　　　　（　　）
3. Corporate Information　　　　　　（　　）
4. Sustainability　　　　　　　　　　（　　）
5. News Releases　　　　　　　　　　（　　）

　　a. 2013 News Releases
　　b. Stock Overview
　　c. Environmental Activities
　　d. Healthcare Technologies
　　e. Message from the President

**2** 以下は、コニカミノルタのウェブサイトにある情報です。英文を読んで、設問に答えましょう。

---

**Eco Vision 2050**

1. Reduce CO₂ emissions throughout the product lifecycle by 80% by 2050, compared to 2005 levels
2. Promote recycling and effective use of Earth's limited resources
3. Work to promote restoration and preservation of biodiversity

---

**1.** これらの情報が含まれている項目として適切な選択肢を a～d から選びましょう。
   a. Investor Relations
   b. Sustainability
   c. News Releases
   d. Research & Development

**2.** この企業の活動ビジョンとして正しい選択肢を a～d から選びましょう。
   a. 二酸化炭素の排出量を2005年レベルに戻す
   b. 地球資源を効果的に削減する
   c. 地球資源を効果的に利用する
   d. 生物多様性の減少を促進する

**3** 企業のウェブサイトでは、企業によって項目の名称が異なる場合があります。以下のどの項目に、a～f の情報が分類されるでしょうか。

1. Find a Sales Location（取り扱い店の検索）　　　　　（　　）
2. Solutions（製品・サービスについて）　　　　　　　（　　）
3. Social Responsibilities（企業の社会的責任への取り組み）（　　）
4. Find Support（サポート情報）　　　　　　　　　　（　　）
5. About（企業情報）　　　　　　　　　　　　　　　（　　）
6. Industries（事業について）　　　　　　　　　　　（　　）

   a. Need Help? Need Information?
   b. Healthcare Industry
   c. Environmental Action Plan
   d. Company Overview
   e. Please Select Your Location
   f. Printers

Chapter 6 ···· *Corporate Websites*

# Step!

企業ウェブサイトによくある表現を学習しましょう。

> 利用規約 (Terms of Use) やプライバシーポリシー（Privacy Policy）には、サイト上の情報を利用する上での注意事項などが述べられています。特に著作物や商標など著作権や、個人情報に関わるものの利用には十分な注意が必要ですので、必ず参照するようにしましょう。

空所に入る適切な語を選択肢から選んで書き入れましょう。その後、音声を聴いて答えを確認しましょう。　　　　　　　　　　　　　　　　DL 025　　CD1-25

1. For product details, please (　　　　　　) to the website for a particular country or region.
   製品の詳細は、国・地域のウェブサイトをご参照ください。
   
   seek　　refer　　find　　investigate

2. The reports are updated once a year, and PDF-file versions are (　　　　　　) for download from the group's environmental website.
   報告書は年に一度更新され、PDFファイル版は当社の環境に関するウェブサイトからダウンロードできます。
   
   useful　　accepted　　available　　accountable

3. These materials may not be copied for commercial use or distribution, nor may these materials be (　　　　　　) or reposted to other sites.
   これらの資料は商用や配布目的のために複製できません。また資料を変更したり他のサイトに掲載することもできません。
   
   modified　　deleted　　duplicated　　undercut

4. If you would like to (　　　　　　) to someone about a specific product, please select from the menu below. (U.S. toll-free)
   特定の製品についてご相談なさりたい方は、下のメニューよりお選びください（米国内、フリーダイアル）。
   
   tell　　consult　　speak　　say

5. Under no (　　　　　　) shall the Company be liable for any damage from the use of the information.
   当社は、いかなる場合も、情報の使用による損害に対して責任を負いません。
   
   environments　　atmospheres　　circumstances　　obligations

29

# Jump!

実際のウェブサイトの情報を読んでみましょう。

以下の情報を読み、設問に答えましょう。

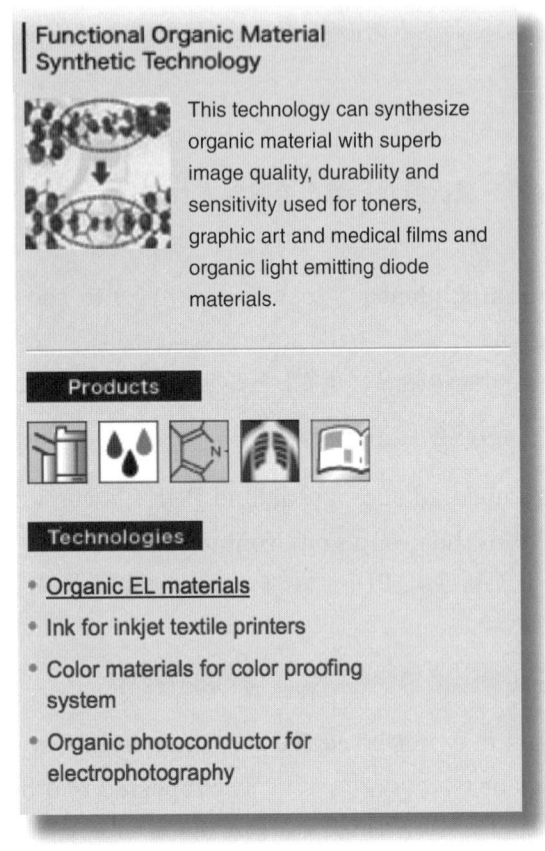

**Functional Organic Material Synthetic Technology**

This technology can synthesize organic material with superb image quality, durability and sensitivity used for toners, graphic art and medical films and organic light emitting diode materials.

**Products**

**Technologies**

- Organic EL materials
- Ink for inkjet textile printers
- Color materials for color proofing system
- Organic photoconductor for electrophotography

1. この情報は、以下のa〜eの項目のうちのどの内容に該当するでしょうか。
    a. Research & Development
    b. Investor Relations
    c. Corporate Information
    d. Sustainability
    e. News Releases

2. ウェブサイトで説明されている「機能性有機材料合成技術」の使用目的ではないものをa〜eから一つ選びましょう。
    a. 医療　　b. 印刷　　c. 照明　　d. 写真　　e. 計測

3. この技術の特徴として述べられていないものをa〜dから一つ選びましょう。
    a. 耐久性　　b. 可変性　　c. 感度　　d. 画質

# 7 • Company Profile

会社について説明する

社会に出て仕事を始めると、たとえ新入社員の立場でも、自分の職場について外部に紹介する機会があります。自分の所属する企業・団体などの概要は、きちんと把握しておきましょう。社名、所在地、資本金、従業員数などの基本的な情報を簡潔にまとめたものを企業概要（会社概要）といい、企業ウェブサイトにも掲載されているのが一般的です。

## Warm Up

日本企業のウェブサイトでよく見られる企業概要（Company profile）は、次のようなものです。欧米企業のウェブサイトでは About us（us のかわりに実際の企業名が入っている場合も多い）のページを開くと、たいてい Company profile や Company overview として企業の概要が示されています。

| Company Name (企業名) | Lifestyle Co., Ltd. |
|---|---|
| Headquarters (Head Office) (本社) | 1-2-3, Omiya, Higashiosaka City, Osaka, Japan |
| Founded (〜に設立) | May ( 1) ) |
| Capital (資本金) | JPY 55,000,000 |
| Products and Solutions (業務内容) | Manufacture and ( 2) ) of household goods and housing equipment as well as related services |
| Number of Employees (従業員数) | 1,500 |
| Representative Directors (代表取締役) | ( 3) ) Taro Tanaka<br>Senior Managing Director Jiro Suzuki |

***Note*** JPY (Japanese Yen) 日本円

## Quiz

DL 026  CD 1-26

音声を聴いて、上の 1 〜 3 の空所を埋めましょう。

# Hop!

会社について説明する際に必要な基本語彙と表現を学びながら、**アクセント**について学びましょう。

**1** 以下は、特にものづくりに関わる企業に関してよく用いられる単語です。対応する日本語の意味として適切なものをa～fから選びましょう。　DL 027　CD1-27

1. found　　　　　　（　）　　**a.** 電子機器
2. manufacture　　（　）　　**b.** サービスなどの供給業者
3. branch　　　　　（　）　　**c.** 発明する
4. provider　　　　（　）　　**d.** 設立する
5. electronics　　　（　）　　**e.** 支店・支社
6. invent　　　　　（　）　　**f.** 製造する

**2** 下の LISTENING FOCUS を読んでから **1** の音声を聴き、例を参考にして各単語にアクセント符号 (accent mark) を書き入れましょう。また、アクセントに注意しながら声に出して英文を読んでみましょう。

例：óverview（概観）　　　employée（従業員）

### LISTENING FOCUS　アクセント

英語のアクセントとは、語の中の特定の音節を他より強く発音することによって、強調することをいいます。アクセントの位置が正しくないと意味が正しく伝わらないこともあります。英語の辞書には、各語のアクセントの位置が記載されており、語によっては最も強く発音する第一アクセント（´）と二番目に強く発音する第二アクセント（`）が示されています。

Chapter 7 ···· *Company Profile*

**3** 空所に入る適切な語を選択肢から選んで書き入れましょう。また、音声を聴き、アクセントに注意しながら声に出して英文を読んでみましょう。　　DL 028　CD1-28

Lifestyle Co., Ltd. is a company which designs and ( ⁱ⁾ ) a variety of household products, including plastic ( ²⁾ ) and home ( ³⁾ ).

ライフスタイル社は、プラスチック容器や家庭用電子機器を含むさまざまな生活用品をデザインし、製造する会社です。

Our company was ( ⁴⁾ ) in 1981 as a small ( ⁵⁾ ) company in Osaka. Since then we have been developing and marketing many innovative and convenient products.

当社は1981年に大阪の小さな製造業者として設立されました。それ以来多くの革新的で便利な製品を開発してきました。

Our company now ( ⁶⁾ ) about 1,500 people working at our ( ⁷⁾ ) in Higashiosaka, two ( ⁸⁾ ) offices and three factories in Japan.

現在約1,500人の従業員が東大阪の本社と日本国内の2つの支社と3つの工場で働いています。

| employs | headquarters | manufactures | founded |
| branch | containers | manufacturing | electronics |

**4** 英文を読み、T/F 問題に答えましょう。　　DL 029　CD1-29

**Toyota Motor Corporation**

Toyota Motor Corporation is Japan's largest vehicle manufacturer. It was founded in 1937 by Kiichiro Toyoda, son of Sakichi Toyoda. Since its establishment, the company has been striving to produce quality and affordable cars for the masses. In April 2014, it was reported in the news that Toyota had become the first automaker in the world to sell more than 10 million vehicles a year. Its head office is located in Toyota-city, Aichi prefecture. As of March 2014, the number of employees was 338,875.

1. Sakichi Toyoda established Toyota Motor Corporation in 1937.　T / F
2. More than three hundred thousand people work for Toyota.　T / F

33

## Step!

同じ単語でも、品詞が変わるとアクセントの位置も変わるものがあります。名詞の場合は語の前方に、動詞の場合は語の後方にアクセントを置くというパターンが最も一般的です。

**1** 音声を聴き、a か b のどちらか発音されたほうを○で囲みましょう。

DL 030　CD1-30

1. present　　　a. プレゼント　　　　　　b. 提示する
2. increase　　 a. 増加　　　　　　　　　b. 増加する、増加させる
3. import　　　 a. 輸入、輸入品　　　　　b. 輸入する
4. transport　　a. 輸送　　　　　　　　　b. 輸送する
5. update　　　 a. 更新、アップデート　　b. 更新する、アップデートする

**2** 音声を聴き、空所に入る適切な語を書き入れましょう。最初の1文字は与えてあります。

DL 031　CD1-31

1. Our main ( **e**　　　　 ) are beef and mutton.
   わが社の主たる輸出品は牛肉と羊肉です。

2. The latest news on our website is ( **u**　　　　 ) almost every day.
   わが社のウェブサイトの最新ニュースは、ほぼ毎日更新されています。

3. The number of patents granted in fiscal 2009 was 150, a 20% ( **i**　　　　 ) from the previous year.
   2009年度に認可された特許の数は150で、前年より20%の増加です。

Chapter 7 ···· *Company Profile*

# Jump!

以下の場面設定を読んでから音声を聴き、設問に答えましょう。

**Situation:** ライフスタイル社のケンジとグレートアイデア社のロックさんが会社情報の入手方法について話しています。

**1** 質問に対して、会話の内容に合う選択肢を選びましょう。　DL 032　CD1-32

**1.** ケンジの会社のウェブサイト上の情報について会話中で話されているものを選びましょう。
   a. 新着情報がほぼ毎日更新されている
   b. 情報はウェブ上での閲覧に限られ、ダウンロードできる情報はない
   c. 若い発明家を支援する情報のページが人気を博している

**2.** 会社資料の送付に関して、ロックさんがケンジに依頼したことは何でしょうか。
   a. 送付前に役員の許可を得ること
   b. それぞれ複数部送ること
   c. 古い年度のものも一緒に送ること

**2** 以下は **1** の会話の一部です。空所に入る適切な語を、選択肢から選んで書き入れましょう。その後、音声を聴いて正解を確認しましょう。　DL 033　CD1-33

*Kenji:* But if you want more comprehensive literature, we have the company brochure, annual report, and CSR report, all of which are (         1) ) from the Web.

*Locke:* Are they also available in English?

*Kenji:* Yes, they are. I heard the (         2) ) issues will be available soon. I could send them to you if you wish.

*Locke:* Why, thank you! If possible, could I ask you to send five copies of each? I'll give them to the (         3) ) in my company.

| executives | downloadable | latest |

**Notes**　annual report 年次報告書（業績や決算報告に加え、経営戦略、商品情報などを含む総合的な企業情報冊子）
CSR (Corporate Social Responsibility) report
CSR報告書（企業の環境や社会への取り組みをまとめた報告書）

# Chapter 8 • Product Advertisements

新製品広告を読み解く

広告において、画像や映像が最も重要なのは言うまでもありませんが、そこにはまた簡潔であると同時に、製品を印象づけるインパクトのある言葉（広告コピー）が求められます。業種によって、広告の媒体もスタイルも多種多様ですが、ここでは家電メーカーのウェブサイト上の広告を取り上げます。

## Warm Up

以下は、ある企業のウェブサイト上にある新製品の広告の一部です。

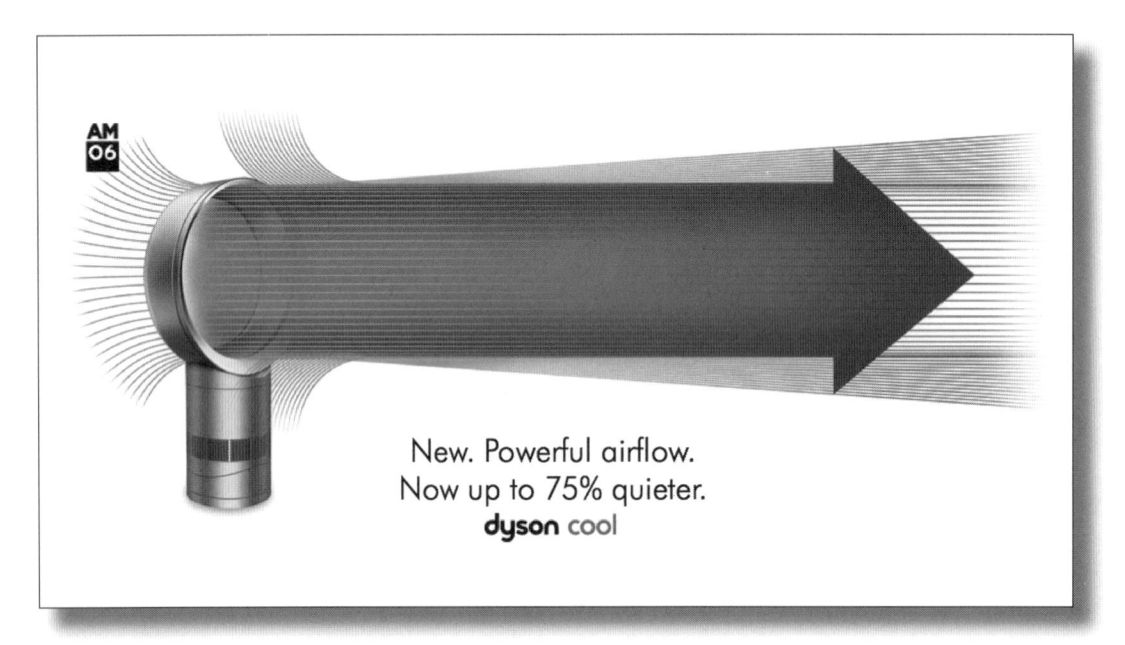

AM06

New. Powerful airflow.
Now up to 75% quieter.
dyson cool

## Quiz

これは何の広告でしょう。また、広告から読み取れる製品のアピールポイントについて考えてみましょう。

# Chapter 8 ···· *Product Advertisements*

## 🖊 Hop!

広告文の基本的な特徴について学びましょう。

---

**Getting to Know the Style**　　広告文

製品の特徴をアピールする広告文は、**小見出し（省略フレーズ）＋解説文**という構成が広く用いられています。

小見出しには、製品を印象づける最も重要な語句だけを残し、ほかの要素を省略したフレーズ（句）が好まれます。新聞の見出しと同じように、定冠詞、不定冠詞やbe動詞も省略されるのが一般的です。また、主語を省略して動詞から始まるフレーズも効果的に用いられます。

例：Powerful airflow.
　　Now up to 75% quieter.
　　Captures more dirt than any other technology.

また、広告文においては、ある新製品が従来品や競合他社の製品と比べていかに優れているかを効果的にアピールするため、**比較表現**が多用されます。

例：Up to 30% less power consumed.

---

**1** 以下は、Warm Upの広告にある製品の特徴を述べた文章です。空所に入る適切な日本語を、選択肢から選んで書き入れましょう。

**Up to 75% quieter**

Dyson Cool™ fans are up to 75% quieter than the previous generation. Dyson engineers have reduced turbulence throughout the machine by channeling airflow more efficiently. Motor noise and vibration have been isolated and significantly reduced.

Dyson Cool™ ファンは従来品に比べ、(　　　　1) 75％静かになりました。ダイソンのエンジニアは、空気の流れをより（　　　　2) 流れるようにすることによって、ファン内全体の乱気流を低減させました。モーターの運転音と振動も隔離され、(　　　　3) 低減されました。

| 大幅に | およそ | 効率的に | 最大で | 経済的に | 少しだけ |

**2** 以下は、広告文によく見られる比較表現です。それぞれの空所に入る適切な語を選択肢から選んで書き入れましょう。その後、音声を聴いて正解を確認しましょう。

DL 034　CD1-34

1. This new technology enables a (　　　　　) reduction in noise.
   この新技術がさらなる騒音の低減を可能にしています。

2. The new chillers are not only more energy efficient but also more (　　　　　)
   新しい冷却装置はエネルギー効率がより良いだけでなく、信頼性もより高い。

3. The LED headlamps in the new Pdius are more (　　　　　) than conventional lights.
   新型PdiusのLEDヘッドランプは、従来型のヘッドライトに比べてより耐久性が高い。

4. The new Pdius provides more (　　　　　) for passengers than just about any of its competitors.
   新型Pdiusはおよそどの競合他社（の製品）と比べても、お客様により広い空間を提供しています。

5. This new toilet uses 20% (　　　　　) water than the current standard while maintaining superior performance.
   この新型トイレは優れた性能を保ちつつ、現在の標準（量）に比べて使用する水量が20％少なくなっています。

6. The new material is five (　　　　　) stronger than steel, and yet it weighs two-thirds less.
   その新素材は鋼鉄に比べて強度が5倍にもかかわらず、重さは3分の2軽くなっています。

| further | less | times | reliable | durable | room |

# Step!

Hop! で学んだ小見出し（省略フレーズ）＋解説文という構成について、さらに理解を深めましょう。

---

**1. _____**

Dyson has been continually refining vacuum cyclone technology since inventing it more than 20 years ago. A Dyson cyclone captures more dirt and microscopic dust than any other. No loss of suction.

refine 改善する　capture 捕える　microscopic dust 微細なホコリ　suction 吸引力

**2. _____**

Other machines are still designed to need replacement bags and filters. Over 5 years these items can cost up to £175. Dyson vacuums are bagless and have washable lifetime filters -- so there are no extra costs.

replacement bags and filters 交換式の紙パックとフィルター　lifetime 交換不要の

**3. _____**

Tough and durable. All Dyson vacuums are made from ABS and polycarbonate -- the same material used in riot shields and crash helmets. Every single component is relentlessly tested to survive real life.

ABS and polycarbonate ABS樹脂とポリカーボネート　riot shield 暴動鎮圧用盾　crash helmet 衝撃吸収材の入ったヘルメット　relentlessly 厳しく　to survive real life 実際の使用に耐えうるように

**4. _____**

Dyson's patented Root Cyclone™ technology captures more dirt than any other and doesn't lose suction. It captures allergens and expels cleaner air.

patented 特許取得済の　allergen アレルゲン　expel 排出する

---

上の文章は、ダイソンのさまざまなサイクロン掃除機に共通の特徴を解説した広告文です。空所に入る適切な小見出し（省略フレーズ）を、a～dから選びましょう。

a. Traps allergens, expels cleaner air
b. No extra costs
c. Captures more dirt than any other cyclone technology
d. Built to last

# Jump!

家電メーカーのウェブサイトでは、広告からすぐにメーカー直営のオンラインストアへと移動できる仕組みになっていることが多いです。一般的にOverview（概観）のページがまず前面に表示され、Features（特徴）、Gallery（写真）、Reviews（レビュー）、Range（ラインナップ）、Specifications（仕様）などのそれぞれのメニューをクリックすると、該当する情報が表示されるように構成されています。

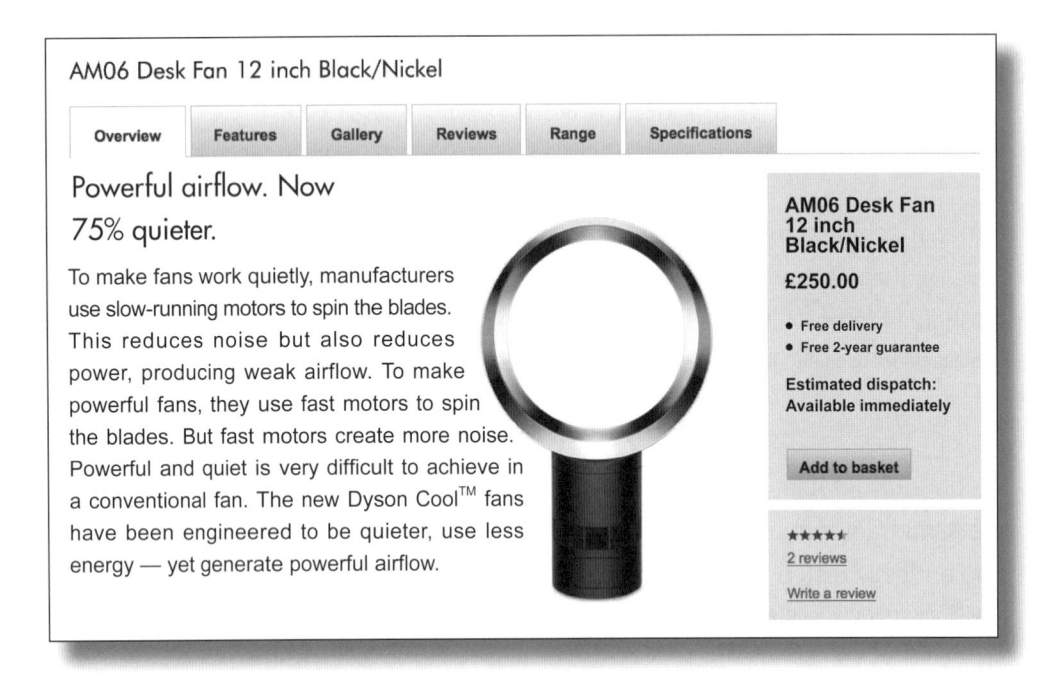

---

**AM06 Desk Fan 12 inch Black/Nickel**

| Overview | Features | Gallery | Reviews | Range | Specifications |

**Powerful airflow. Now 75% quieter.**

To make fans work quietly, manufacturers use slow-running motors to spin the blades. This reduces noise but also reduces power, producing weak airflow. To make powerful fans, they use fast motors to spin the blades. But fast motors create more noise. Powerful and quiet is very difficult to achieve in a conventional fan. The new Dyson Cool™ fans have been engineered to be quieter, use less energy — yet generate powerful airflow.

AM06 Desk Fan 12 inch Black/Nickel
£250.00

- Free delivery
- Free 2-year guarantee

Estimated dispatch: Available immediately

[Add to basket]

★★★★☆
2 reviews
Write a review

---

上は、ダイソンのAM06 Desk FanのOverviewです。英文を読み、1と2の質問に答えましょう。また、英文の内容に合うように3と4の空所を埋めましょう。

1. What kind of motors do manufacturers usually use to make fans work quietly?
   **a.** slow motors　　**b.** fast motors　　**c.** medium-speed motors

2. If fast-running motors are used, what can be usually created as well as powerful airflow?
   **a.** more energy　　**b.** more noise　　**c.** less wind

3. It is very difficult to achieve both (　　　　　) and (　　　　　) in a conventional fan at the same time.

4. The new Dyson Cool™ fans need (　　　　　) energy than conventional fans.

# Chapter 9 • Your Job

自分の仕事を説明する

自分の仕事について簡潔に英語で説明してみましょう。自分が所属する部署や担当している業務の説明、また上司・同僚などの紹介は、仕事相手とのコミュニケーションを円滑にするためにも不可欠です。

## Warm Up

名刺 (business card) にはさまざまなデザインがありますが、最もシンプルなものは次のようなタイプです。

---

**Lifestyle Co., Ltd.**

Intellectual Property Team / Legal Dept.

### Kenji Yamazaki

1-2-3, Omiya, Higashiosaka City, Osaka 577-9124, JAPAN
tel. +81-6-1234-5678
fax. +81-6-1234-8765
email: k.yamazaki@lifestyle.com
www.lifestyle.com

---

**LS　ライフスタイル社**

法務部　知的財産部門

### 山崎　健司

〒 577-9124
大阪府東大阪市大宮 1-2-3
電話：06-1234-5678
ファックス：06-1234-8765
Eメール：k.yamazaki@lifestyle.com　www.lifestyle.com

---

## Quiz

DL 035　CD1-35

ケンジの自己紹介を聴きましょう。上の名刺の中に、音声で触れられる情報はいくつあるでしょうか。英語の名刺中に○をつけてみましょう。

# Hop!

自分や同僚、上司の仕事を説明する際の基本語彙と表現を学びながら、音の弱化について学びましょう。

**1** 空所に入る適切な語を選択肢から選んで書き入れましょう。その後、音声を聴いて正解を確認しましょう。　DL 036　CD1-36

1. I work for a car (　　　　　　) as an engineer.
   私は自動車メーカーでエンジニアとして働いています。

2. I work as an architect at a (　　　　　　) company.
   私は建築士として建設会社で働いています。

3. I'm in the (　　　　　　) Department.
   私は法務部に所属しています。

4. I (　　　　　　) to the IP Team, or Intellectual Property Team.
   私は IP チーム、つまり知的財産チームに属しています。

5. The IP Team members are all specialists in the intellectual property (　　　　　　).
   IP チームのメンバーは全員、知的財産分野のスペシャリストです。

| field | construction | Legal | manufacturer | belong |

**2** 下の LISTENING FOCUS を読み、**1** の音声をもう一度聴きましょう。また、音の弱化に注意をしながら声に出して英文を読んでみましょう。

### LISTENING FOCUS　弱く発音される音 (音の弱化)

冠詞や代名詞、前置詞、接続詞、助動詞、be 動詞などは、文脈上特に必要のない場合、弱く速くあいまいに発音されます。たとえば of の発音が /ɔv/ → /əv/ というようにアともウとも聞こえそうなあいまいな音に変化するのが特徴です。このように弱く発音された語は大変聴き取りにくいものです。リスニング力アップのためには、この弱い発音に慣れることが大切です。

Chapter 9 ···· *Your Job*

**3** 音の弱化に注意して音声を聴き、空所に入る適切な語を書き入れましょう。

🎧 DL 037  💿 CD1-37

1. Thank you (　　　　) inviting me to your party.
   パーティにお招きいただきまして、ありがとうございます。

2. This is Ms. Sandra Locke (　　　　　) Great Ideas Corporation.
   こちらはグレートアイデア社のサンドラ・ロックさんです。

3. Please feel free to ask any questions regarding (　　　　) products.
   わが社の製品について、どんなことでもお気軽にお尋ねください。

4. Actually, I have a lot of questions (　　　　) want to ask.
   実は、お聞きしたいことがたくさんあるのです。

5. Let me introduce one of my colleagues (　　　　) you.
   同僚の一人を紹介いたします。

6. He is Assistant Manager (　　　　) our Product Development Department.
   彼は商品開発部の部長補佐です。

**4** 英文を読み、T/F 問題に答えましょう。

🎧 DL 038  💿 CD1-38

### Introducing a Colleague

I'd like to introduce you to my colleague, Mr. Shinji Takada. Mr. Takada is Section Chief of our market research team in the Marketing Department. He supervises a group of 15 and is in charge of the collection and analysis of the latest market data. He started working at our company three years ago. He has over 10 years of experience in marketing and product promotions and has an in-depth knowledge of the retail environment. We've been working on the same team for two years now. Since last year, our team has been collaborating with the Product Development Department to come up with a new marketing strategy.

1. Mr. Takada started working at the company more than 10 years ago.　T / F
2. Mr. Takada has experience in developing environmental products.　T / F

43

## Step!

各部署の仕事内容を確認し、自分の仕事内容を説明する表現について学びましょう。

**1** 空所に入る適切な部署名を選択肢から選んで書き入れましょう。

DL 039　CD1-39

1. The (　　　　　　　　) deals with worker issues, such as hiring, training, labor relations and benefits.
2. The (　　　　　　　　) is responsible for selling products or services.
3. The role of the (　　　　　　　　) is to conduct research for new products and develop new solutions.
4. The (　　　　　　　　) handles any legal issues that may come up in the course of business.

|  |  |
|---|---|
| R & D Department | Sales Department |
| Legal Department | Personnel Department |

*Notes* conduct 行う　solution 解決策　handle 扱う　come up 生じる

**2** グレートアイデア社のロックさんが、ライフスタイル社のケンジの仕事内容について尋ねています。音声を聴き、(　) に入る適切な語を○で囲みましょう。

DL 040　CD1-40

*Locke:* May I ask what your ( responsibilities / research [1]) are at the company?

*Kenji:* Certainly. Not many yet. As the least experienced member of the Legal Department, I do anything my ( subordinate / supervisor [2]) tells me to, including making photocopies and answering phone calls.

*Locke:* You are definitely on a learning curve.

*Kenji:* Yes, I have much more to learn before I can ( contribute / consume [3]) to the organization.

Chapter 9 · · · · *Your Job*

# ■ Jump!

以下の場面設定を読んでから音声を聴き、設問に答えましょう。

**Situation:** ロックさんが、ライフスタイル社の佐野さんに商品開発部の仕事内容について、特にその強みについて詳しく質問しています。

**1** 質問に対して、会話の内容に合う選択肢を選びましょう。　DL 041　CD1-41

**1.** 毎年100を超えているものは何でしょうか。
   **a.** 新発売商品の平均売上個数
   **b.** 新たに売り出される商品の種類
   **c.** 会社規模を示す指標の一つ

**2.** 社内の開発者 (in-house inventors) の仕事として正しいのはどれでしょうか。
   **a.** 小売店で、スタッフや消費者の話を聞く
   **b.** 業界他社の開発者と相談する
   **c.** カスタマーセンターで苦情対応を行う

**2** 以下は、**1** の会話の中で佐野さんが社内の開発者の仕事を説明している部分です。空所に入る適切な語を、選択肢から選んで書き入れましょう。その後、音声を聴いて正解を確認しましょう。　DL 042　CD1-42

*Sano:* First, they frequently visit our retail sites to get new ideas from our retail staff and end-users. Second, they hold focus group sessions to elicit (　　　　¹) needs. Third, they extensively (　　　　²) the feasibility of new ideas in weekly meetings with our designers and engineers. All in all, their key (　　　　³) is to find what people are dissatisfied with in daily life.

| mission | consumer | discuss |

**Notes** retail site 小売の現場　end-user エンドユーザー（商品やサービスを実際に使用する人）　focus group フォーカスグループ（市場調査などのために集められたグループ。あるテーマで話し合ってもらい、その結果を商品開発などに活用する）　elicit 引き出す　feasibility 実現可能性

45

# Chapter 10 ● Product Specifications

製品の仕様書を確認する

製品を購入する前に、その機器の詳細な仕様（specifications）を確認し、自分（使用者）のニーズに合致しているかどうかを確かめておく必要があります。仕様書では、さまざまな単位記号のほか、複合語や頭字語などを用いて表現をコンパクトにまとめ、切れ味よく機能をアピールするのが特徴です。

## Warm Up

これは、ある製品の仕様書から主要な部分を取り出したものです。

| Product Name | SnapExpress DK800 |
|---|---|
| Scanning Modes | Color, grayscale, monochrome |
| Image Sensor | CIS (Contact Image Sensor) × 1 |
| Scanning Speed | 8.0 seconds/page |
| Optical Resolution | Maximum 600 dpi |
| Two-Sided Scanning | No |
| Scanning Area | Maximum 8.5" × 14" |
| Paper Thickness | 0.1 mm - 0.8 mm |
| Dimensions (W × D × H) | 11.5" × 1.8" × 1.6" |
| Weight | 0.8 lb |

## Quiz

これはどのような製品の仕様書でしょうか。

Chapter 10 ···· Product Specifications

# Hop!

製品の仕様書に見られる基本的な特徴を学びましょう。

## Getting to Know the Style 　製品の仕様書

仕様の書き方は業界や企業によって若干スタイルが異なりますが、基本的には製品の情報が項目ごとに列挙される形式になっています。

単位について
日本やヨーロッパではメートル法が一般的ですが、アメリカ合衆国ではヤード・ポンド法が広く用いられています。仕様書ではさらに、単位の省略形が用いられますので注意しましょう。

例：mile（マイル）→ mi 　　　　inch（インチ）→ in または "
　　yard（ヤード）→ yd 　　　　pound（ポンド）→ lb
　　foot（フィート）→ ft または ' 　　ounce（オンス）→ oz

頭字語、およびハイフン付き複合語について
仕様書には、頭字語やハイフン付き複合語がよく使用されます。もともとは新技術や新機能を強調するために作られた語だったものが、技術や機能が一般的になるに従って、標準的な表現となったものも少なくありません。

例：Contact Image Sensor → CIS　　Two-sided scanning

また、ハイフン付き複合語には、従来品との違いを強調するために ultra-, super-, high- などを前につけるタイプや、後ろに -shaped や -sized をつけて外形をイメージさせるタイプがあります。

1 　以下は、Warm Up の仕様書にある項目です。対応する日本語を a ～ h から選びましょう。

1. Scanning Modes 　　　　（　　）　　a. 外形寸法
2. Image Sensor 　　　　　（　　）　　b. 質量
3. Scanning Speed 　　　　（　　）　　c. 読取モード
4. Optical Resolution 　　　（　　）　　d. 読取範囲
5. Scanning Area 　　　　　（　　）　　e. 紙の厚さ
6. Paper Thickness 　　　　（　　）　　f. 読取速度
7. Dimensions 　　　　　　（　　）　　g. イメージセンサー
8. Weight 　　　　　　　　（　　）　　h. 光学解像度

**2** 空所に入るおよその値として最も適切な数値を、選択肢から選んで書き入れましょう。

1. 1 inch　　(　　　　) cm
2. 1 foot　　(　　　　) cm
3. 1 yard　　(　　　　) m
4. 1 mile　　(　　　　) km
5. 1 ounce　(　　　　) g
6. 1 pound　(　　　　) g

| 28.35 | 0.91 | 2.54 | 454 | 1.609 | 30.48 |

**3** 以下は、ボーズの SoundLink® Mini Bluetooth® speaker です。写真を参考にして、1〜4の数値をメートル法に直して書き入れましょう。(小数点以下第2位まで答えること)

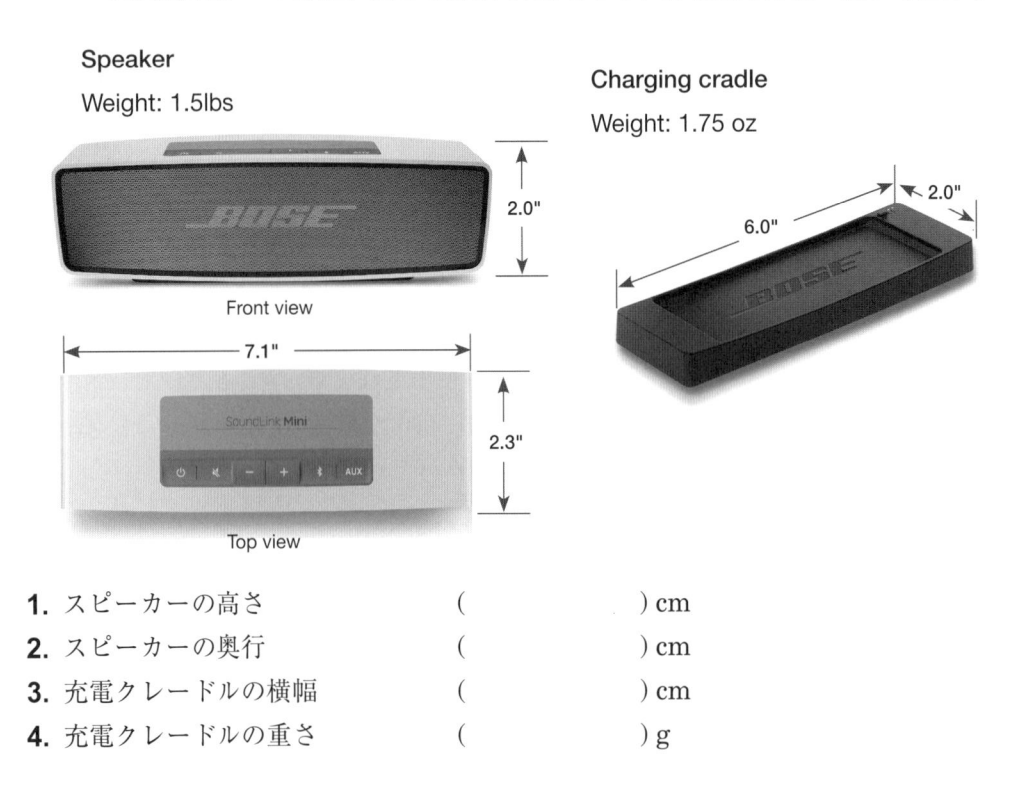

Speaker
Weight: 1.5lbs
Front view
Top view
2.0"
7.1"
2.3"

Charging cradle
Weight: 1.75 oz
6.0"
2.0"

1. スピーカーの高さ　　　　(　　　　) cm
2. スピーカーの奥行　　　　(　　　　) cm
3. 充電クレードルの横幅　　(　　　　) cm
4. 充電クレードルの重さ　　(　　　　) g

**4** 空所に入る適切な語を、選択肢から選んで書き入れましょう。

1. (　　　　)-slim external drive　　超薄型外付けドライブ
2. egg-(　　　　) speaker　　卵型スピーカー
3. (　　　　)-glare film　　反射防止フィルム
4. flicker-(　　　　) monitor　　チラつきのないモニター
5. (　　　　)-precision measurement　　高精度測定

| high | anti | shaped | ultra | free |

Chapter 10 ···· *Product Specifications*

# 📖 Step!

頭字語は、ある技術の新規性や独自性を際立たせるのに効果的です。すでに一般的に定着したものもありますが、そうでない場合はその新技術の解説と合わせて理解しましょう。

**1** 音声を聴いて空所に単語を書き入れ、以下の頭字語の正式名称を完成させましょう。

🎧 DL 043  💿 CD1-43

1. DPI（1インチ当たりのドット数）→ Dot (　　　　　　　) Inch
2. UPS（無停電電源装置）→ Uninterruptible Power (　　　　　　　)
3. LED（発光ダイオード）→ Light (　　　　　　　) Diode
4. OCR（光学式文字読取装置）→ (　　　　　　　) Character Reader
5. CPU（中央処理装置）→ Central (　　　　　　　) Unit

**2** 以下は、富士通の ScanSnap iX100 の CDF 機能を解説している文章です。英文を読み、CDF（連送読取機能）の正式名称を探してその箇所に下線を引きましょう。また、日本語訳の空所に適切な文言を書き入れましょう。

Even though the iX100 is one of the world's smallest document-feed scanners, you can smoothly scan multiple page documents with remarkable speed. The Continuous Document Feeding function allows you to insert pages one after another without any extra button pressing by detecting when a sheet enters and exits the iX100.

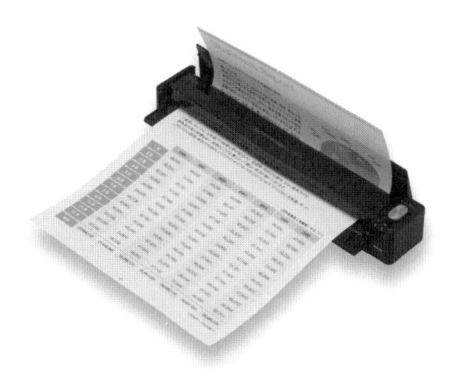

---

iX100 は世界最小のドキュメント・スキャナーのひとつですが、多量の書類を（　　　　　1）　）速さでスムーズに読み取ることができます。連送読取機能が、原稿の挿入・排出を（　　　　　2）　）ことによって、追加でボタンを押すことなく、連続して原稿を挿入することを可能にしてくれるのです。

# Jump!

複数の製品の仕様を比較してみましょう。

以下は3台のスキャナーの仕様の抜粋です。英文を読んで、設問に答えましょう。

| Product Name | Scanner A | Scanner B | Scanner C |
| --- | --- | --- | --- |
| Scanning Modes | Color | Color | Color |
| | Grayscale | Grayscale | Grayscale |
| | Monochrome | Monochrome | Monochrome |
| Scanning Speed | 8.0 seconds/page | 0.02 seconds/line | 25 pages/minute |
| Optical Resolution | Maximum 600 dpi | Maximum 6400 dpi | Maximum 1200 dpi |
| Two-Sided Scanning | No | No | Yes |
| Scanning Area | Maximum 8.5" × 14" | Maximum 8.5" × 11.7" | Maximum 8.5" × 11.7" |
| Paper Thickness | 0.1 mm - 0.8 mm | --- | 0.1 mm - 0.7 mm |
| Dimensions (W × D × H) | 11.5" × 1.8" × 1.6" | 18.8" × 10.7" × 4.5" | 11.5" × 6.2" × 6.8" |
| Weight | 0.8 lb | 7.8 lb | 6.2 lb |

**1** スキャナーの性能について、以下の質問に答えましょう。

1. Which scanner is best suited for mobile use?　　　（　　　　　　　）
2. Which scanner is the best for photographs?　　　（　　　　　　　）
3. If you want to scan a lot of double-sided documents, which scanner is the best choice?　　　（　　　　　　　）

**2** スキャナーの寸法・質量について、指定された単位で答えましょう。（小数点以下第2位まで答えること）

1. 最も重いスキャナーの質量　　　（　　　　　　　）kg

2. 外形寸法の高さが最も高いスキャナーの高さ　　　（　　　　　　　）cm

# Chapter 11 • Business Plans

将来の展望について話す

自分の仕事だけでなく、所属する企業の事業計画や企業戦略について説明してみましょう。今後ますますグローバル化する社会では、自分の専門分野に関わらず、企業経営一般に対応できるような広い視野を持つことが期待されています。

## Warm Up

まずは自分の所属する企業の組織について理解しておきましょう。企業によって組織の構成はさまざまに異なります。次の構成図はその一例です。

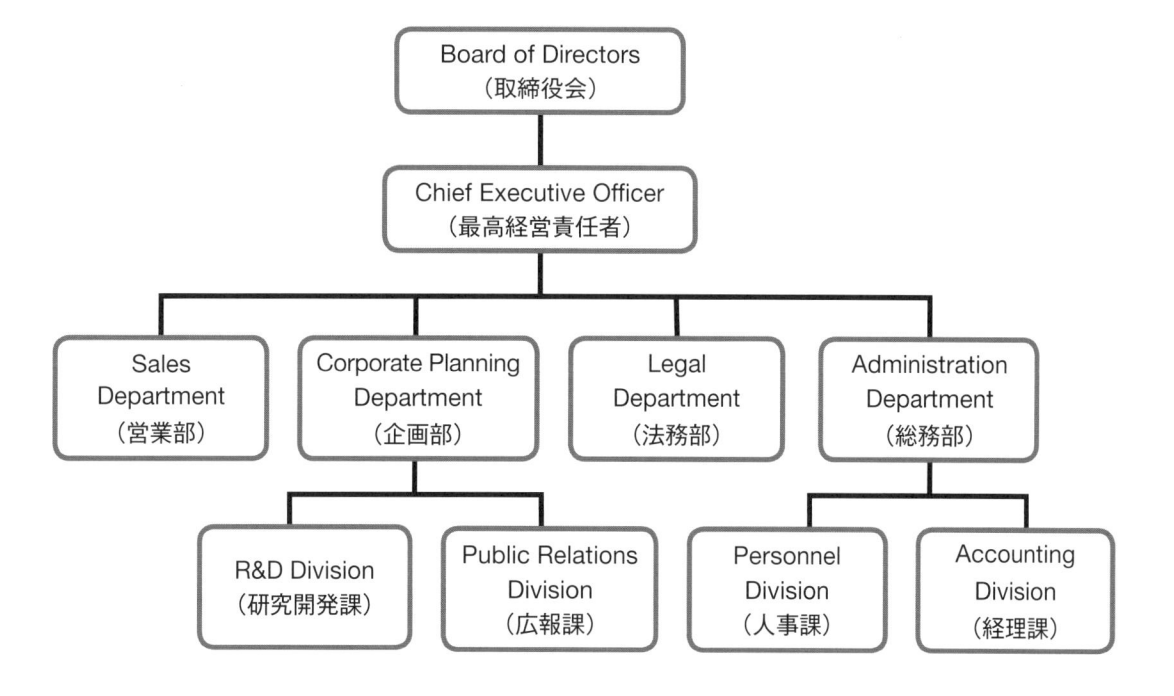

```
                    Board of Directors
                       (取締役会)
                           │
                  Chief Executive Officer
                     (最高経営責任者)
                           │
        ┌──────────┬───────┴───────┬──────────┐
       Sales    Corporate Planning  Legal   Administration
    Department    Department    Department   Department
    (営業部)       (企画部)        (法務部)      (総務部)
                     │                          │
              ┌──────┴──────┐            ┌──────┴──────┐
           R&D Division  Public Relations  Personnel   Accounting
          (研究開発課)     Division         Division     Division
                          (広報課)         (人事課)     (経理課)
```

## Quiz

音声を聴いて、男性が所属している部署の名前を上の組織図から選んで○をつけましょう。

# Hop!

企業の事業計画や戦略について話す際に必要な基本語彙や表現を学びながら、**音の連結**について学びましょう。

**1** 空所に入る適切な語を選択肢から選んで書き入れましょう。その後、音声を聴いて正解を確認しましょう。　DL 045　CD1-45

1. India is the most (　　　　　) market in Asia.
   インドはアジアにおける最も有望な市場です。

2. We have decided to (　　　　　) a new factory in Vietnam.
   ベトナムに新しい工場を建設することを決定いたしました。

3. The new factory is (　　　　　) to include five assembly lines.
   新しい工場は、5つの組立ラインを備えるよう設計されています。

4. We plan to (　　　　　) new products in September.
   わが社は9月に新製品の発売を予定しております。

5. We are focusing on developing high-quality products at (　　　　　) prices.
   わが社は競争力のある価格で質の高い製品を開発することに重きをおいています。

| launch | build | competitive | promising | designed |

**2** 下の LISTENING FOCUS を読み、**1** の音声をもう一度聴きましょう。また、音の連結に注意をしながら声に出して英文を読んでみましょう。

### LISTENING FOCUS　つながって聞こえる音（音の連結）

先行する語の最後の音と後続する語の最初の音が結びついて、別々の音ではなく、一つの音のように発音されることがよくあります。とても頻繁に起こるため、リスニング力アップのためにはとても重要です。典型的なパタンは「子音＋母音」です。これは、実は日本語と同じ音のつながりなので、日本人にとってはマスターしやすい現象の一つです。

例：[t＋母音] get up　　　　[d＋母音] send it　　　　[n＋母音] an apple
　　[k＋母音] walk around　[r＋母音] far away　　　[l＋母音] sell iPads

Chapter 11 ···· *Business Plans*

**3** 音の連結に注意して音声を聴き、空所に入る適切な語を書き入れましょう。

DL 046  CD 1-46

1. What do you think is going to be the next big (　　　　) of growth?
   次の大きな成長分野はどういったところだと思いますか。

2. We maintain flexibility in regard to our product lines and offer updated versions of our products based (　　　　) consumers' needs.
   わが社は製品ラインに関しては柔軟性を保ち、消費者のニーズに基づいて製品の最新版を提供しています。

3. So, you listen carefully to what consumers (　　　　) saying.
   消費者の声に耳を傾けていらっしゃるわけですね。

4. That leads to further strengthening of (　　　　) core competency.
   それがわが社のコア・コンピタンシー（中核となる長所）の強化につながります。

5. How long will (　　　　) take to make the project profitable?
   そのプロジェクトが利益を生むにはどのくらい（期間が）かかりますか。

**4** 企業の事業計画についての以下の英文を読み、T/F 問題に答えましょう。

DL 047  CD 1-47

> Last week, Mintos Electronics released a statement confirming its plans for expansion in Southeast Asia. To make the manufacturing process more efficient and keep costs down, the company is closing several domestic plants and opening new parts assembly plants in the Philippines, Indonesia and Malaysia. The first plant in Malaysia is expected to be in operation by the end of this year. Next year, more than 1,000 employees will be sent to Kuala Lumpur to work in the new factory.

1. The company will be opening a plant in Malaysia by the end of the year.　T / F
2. Last week, the company announced its plan to fire its workers in Kuala Lumpur.　T / F

53

## Step!

企業の業務内容について話をする場合、経済・経営に関する専門用語を使用する場面がしばしばあります。社会人としての一般常識的な用語については、ある程度理解できるようにしておきましょう。

**1** 以下の英単語に対応する日本語を a ～ h から選びましょう。　DL 048　CD1-48

1. merger　　　　　　（　　）　　a. 提携
2. joint venture　　　（　　）　　b. 民営化
3. acquisition　　　　（　　）　　c. 倒産
4. tie-up　　　　　　 （　　）　　d. 合弁事業
5. expansion　　　　（　　）　　e. 合併
6. bankruptcy　　　　（　　）　　f. 拡張
7. privatization　　　（　　）　　g. リストラ
8. restructuring　　　（　　）　　h. 買収

**2** 役職名は、組織の規模や企業形態によっても表現が異なることが多いですが、一般的な名称を把握しておきましょう。音声を聴き、日本語に対応する英語の役職名を空所に書き入れましょう。各語の最初の1文字は与えてあります。　DL 049　CD1-49

1. 会長　　　　　　（**C**　　　　　　）
2. 社長　　　　　　（**P**　　　　　　）
3. 副社長　　　　　（**V**　　　　　）（**P**　　　　　　）
4. 最高財務責任者　（**C**　　　　　）（**F**　　　　　　）（**O**　　　　　　）
5. 監査役　　　　　（**A**　　　　　　）
6. 社外取締役　　　（**E**　　　　　）（**D**　　　　　　）

Chapter 11 ···· *Business Plans*

# Jump!

以下の場面設定を読んでから音声を聴き、設問に答えましょう。

> **Situation:** ライフスタイル社の高倉雅子さんが、グレートアイデア社のスミスさんと今後の計画について話しています。

**1** 質問に対して、会話の内容に合う選択肢を選びましょう。　　DL 050　　CD1-50

**1.** ライフスタイル社が現時点で世界に誇れる点はどれでしょうか。
 **a.** 強力なブランド力　　**b.** 優れた商品開発力　　**c.** 海外での確立された販売網

**2.** 高倉さんによると、ライフスタイル社の商品が米国市場で成功するには、商品開発面でどのような要素が必要でしょうか。
 **a.** 現地の人々の好みや文化に合わせる
 **b.** まったく新しい発想を商品化する
 **c.** 他社の商品を分析して模倣する

**2** 以下は **1** の会話の一部です。空所に入る適切な語を、選択肢から選んで書き入れましょう。その後、音声を聴いて正解を確認しましょう。　　DL 051　　CD1-51

*Takakura:* As you might know, our company is proud of our (　　　¹⁾　) in product development.
*Smith:* Right. No doubt about it. You are the leader in that area worldwide.
*Takakura:* But our company has yet to build a strong (　　　²⁾　) marketing network. I think we should start with the United States.
*Smith:* Uh-huh. So my company will be one of your marketing bodies.
*Takakura:* Not just that. Our products, as they are, will not fit so easily into U.S. markets. They have to be (　　　³⁾　) or more or less redesigned to match the taste and the culture there. That's where the synergy between our two companies is needed.

> global　　modified　　excellence

**Notes** marketing body マーケティング組織　synergy 相乗効果（シナジー）

# Chapter 12 • Operating Instructions

操作マニュアルを理解する

操作（取扱）方法の説明は、私たちが日常生活のあちこちで目にする文書です。誰もが使用する簡単なものから専門的で複雑なものまで、理解が不十分なまま使用すると大きな事故にもつながりかねません。操作（取扱）方法を説明する英語の基本を学び、いざというときに対応できる応用力を養いましょう。

## Warm Up

これは、ある器具の操作方法の説明です。

> **How to use a** (　　　　)(　　　　　　　　)
>
> 1. Pull the pin. Hold the extinguisher with the nozzle pointing away from you and release the locking mechanism.
> 2. Aim low. Point the extinguisher at the base of the fire.
> 3. Squeeze the lever slowly and evenly.
> 4. Sweep the nozzle from side-to-side.

## Quiz

上の空所に、適切な語句を書き入れましょう。

Chapter 12 ···· *Operating Instructions*

# Hop!

操作マニュアルの基本的な特徴について学びましょう。

**Getting to Know the Style** 　**操作マニュアル**

操作（取扱）方法を説明する英語の特徴には次のようなものがあります。

指示は命令文で
文法の形式としては命令文になりますが、日本語の「～してください」に近いニュアンスです。Please ~ や Will you ~, Could you ~ などの丁寧表現は用いません。また、「必ず～してください」という意味の Make sure that ~ や Be sure to/that ~ も多用されます。

手順の時間軸に沿って箇条書きで
内容は同じでも、時間軸に沿って指示をすることが大切です。指示が複雑になる場合は、箇条書きで見出しを立て、個々の指示に解説を付け加える場合もあります。

一般の人々を指す "you" の使用
"you" というと日本語の「あなた」のイメージが強いですが、操作マニュアルなどの文書では、特定の人を指しているのではなく一般の人々（ユーザー）を指して用いられます。

**1** 以下は、Warm Up の英文です。空所に適切な語句を書き入れて日本語訳を完成させましょう。同じ番号には同じ語句が入ります。

1. Pull the pin. Hold the extinguisher with the nozzle pointing away from you and release the locking mechanism.
2. Aim low. Point the extinguisher at the base of the fire.
3. Squeeze the lever slowly and evenly.
4. Sweep the nozzle from side-to-side.

1. ピンを引きぬきます。ノズルを自分に向けないようにして（　　　　1）を持ち、ロックを（　　　2）してください。
2. 低いところを（　　　3）ます。（　　　1）を火元の底の部分に向けます。
3. ゆっくりと均一にレバーを（　　　4）ます。
4. ほうきで掃くように、ノズルを（　　　5）動かします。

**2** 日本語を参考にして（　）内の語句を正しい順に並べましょう。文頭の語も小文字で示しています。その後、音声を聴いて答えを確認しましょう。　🎧 DL 052　💿 CD1-52

1. プリンターの電源を入れて、USB ケーブルを接続してください。
   ( connect, and, the printer, the USB cable, turn on ).

2. ケーブルの上には重いものを置かないでください。
   ( on the cables, not, heavy objects, do, place ).

3. 反時計回りに回してフィルターを外してください。
   ( by, the filter, counterclockwise, remove, rotating ).

4. 可燃性の素材をプロジェクターの近くに置かないでください。
   Do not ( near, materials, flammable, the projector, place ).

5. 落下の際に怪我をする恐れがありますので、コンピューターを安定した場所に設置してください。
   Place the computer on a stable surface ( injury, as, cause, it falls, may, if, it ).

6. 機械から煙が出てくるといった異常現象にお気づきになられましたら、電源ケーブルを引き抜いてください。
   ( abnormal phenomena, if, any, notice, you ) such as smoke coming from the machine, unplug the power cable.

7. 新しいソフトウエアをインストールする前に、必ずすべてのファイルを閉じてください。
   ( the new software, starting, of, before, installation ), be sure to close all files.

Chapter 12 ···· *Operating Instructions*

# Step!

操作マニュアルには、操作方法のほかにもさまざまな情報が掲載されています。

**1** 以下の日本語にあたる英語を a～h から選びましょう。

1. 仕様　　　　　　（　）　　a. Customer Service
2. 保証　　　　　　（　）　　b. Maintenance
3. 安全上の注意　　（　）　　c. Troubleshooting
4. 困ったときには　（　）　　d. Warranty
5. 警告　　　　　　（　）　　e. Specifications
6. 主な機能　　　　（　）　　f. Main Features
7. 顧客サービス　　（　）　　g. Warning
8. メンテナンス　　（　）　　h. Safety Precaution

**2** 各英文は、a～d のどのセクションに含まれると考えられるでしょうか。選択肢から選んで空所に記号を書き入れましょう。

1. If the device fails to operate correctly, follow the steps below for a possible solution.　　　　　　　　　　　　　　　　　　　　　　　　（　）
2. Wipe the screen gently with a soft, dry cloth.　　　　　　　　（　）
3. Do not pull or bend the power cable.　　　　　　　　　　　　（　）
4. If you have to return your unit for service, check with your local service center.　　　　　　　　　　　　　　　　　　　　　　　　　　　（　）

| a. Customer Service | b. Maintenance | c. Troubleshooting | d. Warning |

**3** 機械や工具に関するカタカナ英語には、実際の英語としては通用しないものもあります。以下のカタカナを正しい英語にしましょう。

1. (壁の) コンセント　　（ o　　　　　　 ）
2. ダンボール箱　　　　（ c　　　　　　 ）（ b　　　　　　 ）
3. (工具の) ドライバー （ s　　　　　　 ）
4. (自動車の) ハンドル （ s　　　　　　 ）（ w　　　　　　 ）

# Jump!

実際のマニュアルを読んでみましょう。

以下の英文は、ニコンのデジタルカメラ D3300 のマニュアルから、電池の取扱についての部分を抜粋したものです。英文を読み、設問に答えましょう。

- Be sure the product [1] is off before replacing the battery. If you are using an AC adapter, be sure it is unplugged.
- Do not attempt to (　　　　　[a]) the battery upside down or backwards.
- Do not expose the battery to flame or to excessive heat.
- Do not immerse the battery in water.
- Batteries are prone to leakage when fully discharged. To avoid damage to the product, be sure to remove the battery when no charge [2] remains.
- When the battery is not in use, attach the terminal cover and (　　　　　[b]) in a cool, dry place.
- Discontinue use immediately should you notice any changes in the battery such as discoloration or deformation.

***Notes*** be prone to ... 〜しやすい　leakage 漏れ　terminal cover 端子カバー

1. 下線部1は、ここでは具体的に何のことを指しているでしょうか。
   - **a.** the battery
   - **b.** Nikon D3300
   - **c.** an AC adapter
   - **d.** the terminal cover

2. 空所 a と b にあてはまる動詞をそれぞれ以下から選んで書き入れましょう。
   close　　store　　insert　　delete

3. 下線部2の意味として、最も適切なものを a 〜 d から選びましょう。
   - **a.** ポイント　**b.** 金額　**c.** 電力　**d.** 寿命

4. ただちに電池の使用を中止しなくてはならないのは、電池にどのような変化が現れたときでしょうか。（　　　　　　　　　　　　　　　　　）

# Chapter 13 • Talking about the News

時事的会話を楽しむ

ビジネスでは、顧客や取引先を相手にして、業務上の話ではなくカジュアルな時事的会話を楽しむ時間もきわめて重要です。単に息抜きや気晴らしという意味だけでなく、その際に交わした会話の印象次第で、大きな取引が獲得できる場合もあります。好意的な印象を持ってもらえるよう、提供する話題には細心の注意を払いましょう。

## Warm Up

時事的話題といっても、実にさまざまな分野やジャンルがあります。話をする際、相手がどんな興味や関心を持っていたとしても柔軟に応対できるよう、普段から自分の興味や関心を広げておくことが重要です。

**Topics**

- ① Sports / Arts: Theaters, Artists, World Cup, Olympics
- ② Science / Technology: Robotics, Energy, Biotechnology, IT
- ③ History / Geography: World Heritage, Nature, Traditions, Nations
- ④ Politics / Economy: Education, Currency, Aging Society
- ⑤ Others: Environment

## Quiz

音声を聴いて、各英文が当てはまるジャンルを上の①〜⑤から選びましょう。

DL 053　CD2-02

**1.** (　　)　　**2.** (　　)

# Hop!

時事的な話題について話す際に必要な基本語彙と表現を学びながら、**英語のリズムについて**学びましょう。

**1** 空所に入る適切な語を選択肢から選んで書き入れましょう。その後、音声を聴いて正解を確認しましょう。　　　　　DL 054　CD2-03

1. There's a wonderful movie you (　　　　　　) see.
   見なきゃいけない素晴らしい映画があります。

2. You shouldn't believe everything you read in the (　　　　　　).
   新聞で読んだことのすべてを信じてはいけませんよ。

3. Have you (　　　　　　) read a Japanese *manga*?
   日本のマンガを読んだことがありますか。

4. Let me explain today's news on Japan's (　　　　　　) market.
   日本の株式市場の今日のニュースを説明させてください。

5. This car comes equipped with a very (　　　　　　) new breaking system.
   この車はとても優れた新しいブレーキシステムを搭載しています。

   | stock | good | ever | must | paper |

**2** 下の LISTENING FOCUS を読み、**1** の音声をもう一度聴きましょう。また、リズムに注意しながら声に出して英文を読んでみましょう。

## LISTENING FOCUS　　リズム

英語には日本語と異なる独特の**強弱のリズム**があります。このリズムに注意を払うことによって、意図がより正確に相手に伝わったり、相手の発言をより的確にとらえることができます。英語のリズムは、基本的に「強い音」と「弱い部分」が交互に現れます。Chapter 7で学習した「単語のアクセント」のある位置が、基本的に「強い音」となります。また、名詞・動詞・形容詞・副詞が「強い音」となり、その他の品詞は「弱い部分」になるのが一般的です。

例：How about going to see a baseball game tonight?（今夜は野球の試合を観に行きましょうか）

Chapter 13 ···· *Talking about the News*

**3** 音声を聴き、強く発音されている単語または単語の一部を○で囲みましょう。また、英語のリズムに注意しながら声に出して英文を読んでみましょう。　DL 055　CD2-04

1. Do you still have jet lag?　まだ時差ボケがありますか。

2. Is this your first visit to Japan?　今回が日本への最初の訪問ですか。

3. How has your visit to Japan been so far?　これまでのところ日本はどうですか。

4. Is there any place you want to go to this weekend?
今週末にどこか訪れたい場所はありますか。

**4** 英文を読み、T/F 問題に答えましょう。　DL 056　CD2-05

### Mt. Fuji

On June 22, 2013, Mt. Fuji was registered as Japan's 17th World Heritage site. It was the first to be approved since the Hiraizumi area in Iwate and the Ogasawara Islands in the Pacific were added to the list in 2011. The news was welcomed with excitement and appreciation. While the increase in the number of visitors helps business and tourism, Mt. Fuji is facing serious environmental issues. Local authorities have been struggling to protect and maintain the mountain. One way is to charge a voluntary entrance fee for climbers. Starting from the summer of 2014, people are being asked to pay 1,000 yen to visit Mt. Fuji.

1. Mt. Fuji is Japan's 17th World Heritage site.　T / F
2. Volunteers are needed to protect the environment of Mt. Fuji.　T / F

## Step!

うまくあいづちを打ったり同意の表明をすることで、途切れることなく会話が弾むように心がけましょう。聞き役に回るだけでなく、時には反対意見を述べたり、自分の感情や気持ちを表現することも重要です。

**1** A～D の文は、どのような意味内容を伝える表現でしょうか。音声を聴き、適切な選択肢を選んで書き入れましょう。　DL 057　CD2-06

A. (　　　　　　　)
  1. I'm so glad to talk with you today.
  2. I'm really surprised that you know the names of Japan's successive Prime Ministers.

B. (　　　　　　　)
  1. Yes, I also feel that's the point.
  2. I agree with you that we should take stronger measures against global warming.

C. (　　　　　　　)
  1. Sounds interesting!
  2. Well, that's even better.

D. (　　　　　　　)
  1. I'm sorry, but I have to disagree with you about the outlook for China's economic growth.
  2. I'm not sure if I can support your idea.

> 反対・保留　　同意・賛成　　あいづち　　感情・気持ち

**2** 以下は、**1** の A～D のどのグループに分類される表現でしょうか。音声を聴き、適切な記号を選びましょう。　DL 058　CD2-07

1. I was very sad when my favorite musician died of cancer last year.　(　　)
2. Are you kidding?　(　　)
3. I'm for the present strategy taken by the U.S. Government.　(　　)
4. I'm against the Government's policy to increase the consumption tax.　(　　)

Chapter 13 ···· *Talking about the News*

## Jump!

以下の場面設定を読んでから音声を聴き、設問に答えましょう。

> **Situation:** ライフスタイル社のケンジが、グレートアイデア社のロックさんとスポーツの話題で盛り上がっています。

**1** a～d について、会話で述べられている順序に並べ替えましょう。

DL 059　CD2-08

a. ロックさんが水泳に興味を持っている理由
b. ロックさんが水泳に興味を持っていること
c. ケンジが知っている製造メーカー
d. テレビ放映されたテニスの試合

(　　) → (　　) → (　　) → (　　)

**2** 以下は **1** の会話です。空所に入る適切な語を、選択肢から選んで書き入れましょう。その後、音声を聴いて正解を確認しましょう。

*Kenji:* By the way, did you see the news on TV last night? The women's All American tennis team competed against All China.

*Locke:* Yes, I did. I enjoyed Williams's strong serves and smashes. But, (　　¹), I'm more interested in swimming.

*Kenji:* Really?

*Locke:* Well, I was a swimmer when I was in high school. And you (　　²), you can find a lot of patents related to swimwear these days.

*Kenji:* Yes, I've heard about that. Many innovative ideas have been incorporated into swimsuits so that swimmers can swim much faster. In (　　³), there is a famous manufacturer in Higashiosaka which produces good materials for swimsuits and other sportswear.

*Locke:* Oh, really? Maybe I should get one of those swimsuits someday.

*Kenji:* That's a great idea.

| know | fact | actually |

**Notes**　patent 特許　incorporate 取り入れる

# Chapter 14 ● Science News

英字新聞の構成

科学・技術の諸分野における新たな発見や技術開発のニュースは、紙媒体やネット上の新聞記事から入手できます。記事に特有のレイアウトや情報配置、および文章構造や語法を理解しておくことで、すばやく正確に最新の情報を収集することが可能になります。

## Warm Up

新聞記事は一般的に、重要な情報から順に構成されています。そのため読者は、見出し (headline) や記事の冒頭 (lead) を読むだけで、その記事の骨格となる情報を入手することができます。次の新聞記事をサンプルに、各セクションの名称と基本的なレイアウトを理解しましょう。

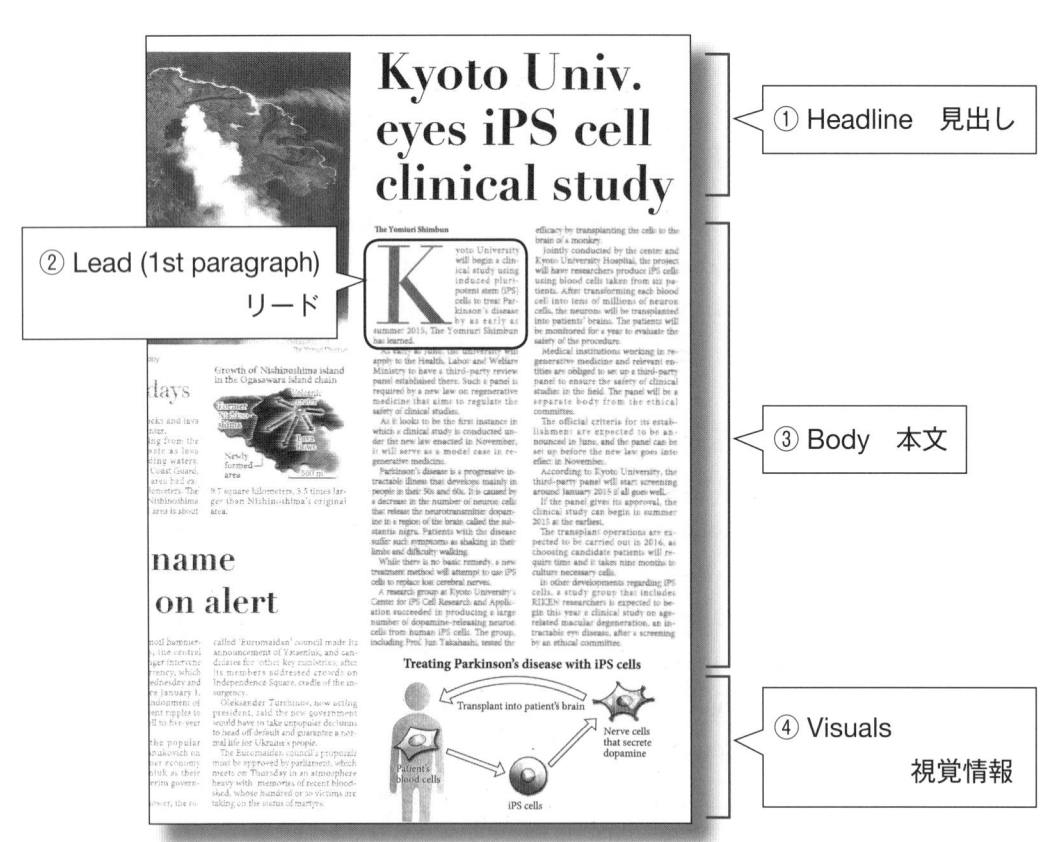

① Headline　見出し
② Lead (1st paragraph)　リード
③ Body　本文
④ Visuals　視覚情報

*The Japan News*, Feb. 28, 2014

## Quiz

この記事の見出し中に使われている動詞を探して、〇で囲みましょう。

Chapter 14 ···· *Science News*

# Hop!

英字新聞の記事の構成について学びましょう。

## Getting to Know the Style　英字新聞

英字新聞の記事の構成は以下のようになっています。

① Headline（見出し）
簡潔で強い印象を与えるために、たとえば次のような特徴があります。
1. 略語・省略：略語が好まれ、be 動詞や冠詞は省略されることが多いです。
2. 語の選択：同じ意味の語の中で、比較的短いスペリングの語が好まれます。

② Lead（リード［第１段落］）
ニュースの根幹となる「誰が（何が）」「いつ」「どこで」「どのように」「なぜ」「なにをした（どうなった）」(5WS1H) に関する情報が、可能な範囲で組み込まれます。

③ Body（本文）
一般的に、最初の段落ほど重要な情報が含まれており、特に科学・技術の進展に関する記事の場合、背景や理由が紹介されることで報道価値が明示されます。

④ Visuals（視覚情報）
イラストやグラフ・表などの視覚情報を効果的に用いることで、文字情報だけで説明する場合に比べて、より正確かつ具体的に記事の要点を伝えることができます。

**1** はじめに、headline（見出し）について学習しましょう。

1. a～e は、ニュースの headline でしばしば使用される短いスペリングの動詞です。それぞれの意味を選択肢から選びましょう。

　　**a.** air　　　（　　　　　　）　　**d.** eye　　（　　　　　　）
　　**b.** back　　（　　　　　　）　　**e.** link　（　　　　　　）
　　**c.** cut　　　（　　　　　　）

|  | connect | reduce | support | plan to do | broadcast |  |
|---|---|---|---|---|---|---|

2. Warm Up に挙げた新聞記事の headline を日本語に訳しましょう。
　Kyoto Univ. eyes iPS cell clinical study
　「京都大学が iPS 細胞の臨床研究を _____ 」

**2** 以下の英文は、Warm Up に挙げた新聞記事の lead（第1段落）です。

Kyoto University will begin a clinical study using induced pluripotent stem (iPS) cells to treat Parkinson's disease by as early as summer 2015, the Yomiuri Shimbun has learned.

**1.** a〜c に該当する情報を英文中から探し、日本語で書きましょう。
   a. 誰が：_____
   b. いつまでに：_____
   c. 何をする：_____

**2.** 下線部の意味として適切な選択肢を選びましょう。
   a. 読売新聞が学習した
   b. 読売新聞の取材でわかった
   c. 読売新聞が報道した

**3** Warm Up に挙げた新聞記事の lead に続く第2・3段落を読みましょう。これらの段落がこのニュースの背景説明や意義の紹介となっていることに注意して、空所に入る適切な語句を選択肢から選んで書き入れましょう。その後、音声を聴いて答えを確認しましょう。

CD2-09

　As early as June, the university will apply to the Health, Labor and Welfare Ministry to have a third-party review panel established there. Such a panel is required by ( ¹) on regenerative medicine that aims to regulate ( ²) of clinical studies.

　As it looks to be ( ³) in which a clinical study is conducted under the new law enacted in November 2013, it will serve as ( ⁴) in regenerative medicine.

| the first instance | a model case | the safety | a new law |

**Notes** the Health, Labor and Welfare Ministry 厚生労働省　third-party review panel 第三者審査委員会　establish 設置する　regenerative medicine 再生医療　regulate 規制する　enact 制定する

Chapter 14 ···· *Science News*

# Step!

新聞の科学記事の body(本文)には、たとえば次のような語法や表現が頻出します。

> ① 定義文:重要用語などを明確に定義します。
> ② 分詞による修飾:現在分詞や過去分詞を利用して説明を追加します。
> ③ 例示:具体例や構成要素を紹介します。
> ④ 複合形容詞:2語以上の語句がハイフンで結ばれて形容詞の働きをします。

以下の英文は、Warm Up に挙げた新聞記事の中で、パーキンソン病と iPS 細胞による治療法の可能性について説明している部分です。英文を読んで、下の設問に答えましょう。

　<u>Parkinson's disease is a progressive intractable illness that develops mainly in people in their 50s and 60s</u>. It is caused by a decrease in the number of neuron cells that release the neurotransmitter dopamine in the region of the brain (　　　a)　) the substantia nigra. Patients with the disease suffer (　　　b)　) symptoms as shaking in their limbs and difficulty walking.

　A research group at Kyoto University's Center for iPS Cell Research and Application succeeded in producing a large number of dopamine-(　　　c)　) neuron cells from human iPS cells. The group, (　　　d)　) Prof. Jun Takahashi, tested the efficacy by transplanting the cells to the brains of rat Parkinson's disease models.

***Notes***　progressive intractable illness 進行性難病　neuron cell 神経細胞　release 分泌する　neurotransmitter 神経伝達物質　dopamine ドーパミン(神経伝達物質の一つ)　substantia nigra 黒質　Center for iPS Cell Research and Application iPS 細胞研究所　efficacy 効果　transplant 移植する

**1.** 下線部はパーキンソン病を定義する「定義文」です。日本語に訳しましょう。

　「パーキンソン病は、＿＿＿＿＿＿＿＿＿＿＿＿＿＿＿＿＿＿＿＿＿進行性難病である。」

**2.** 英文中の a ～ d の空所に入る適切な語を以下から選び、書き入れましょう。

　　including　　such　　releasing　　called

# Jump!

以下のイラストは、Warm Up に挙げた新聞記事に組み込まれているものです。パーキンソン病の患者の血液から iPS 細胞を作製し、そこから培養した神経細胞をもとの患者に移植する治療法について説明しています。

イラスト中の説明を参考にして、下記のニュース記事本文の空所に入る適切な語を選んで書き入れましょう。

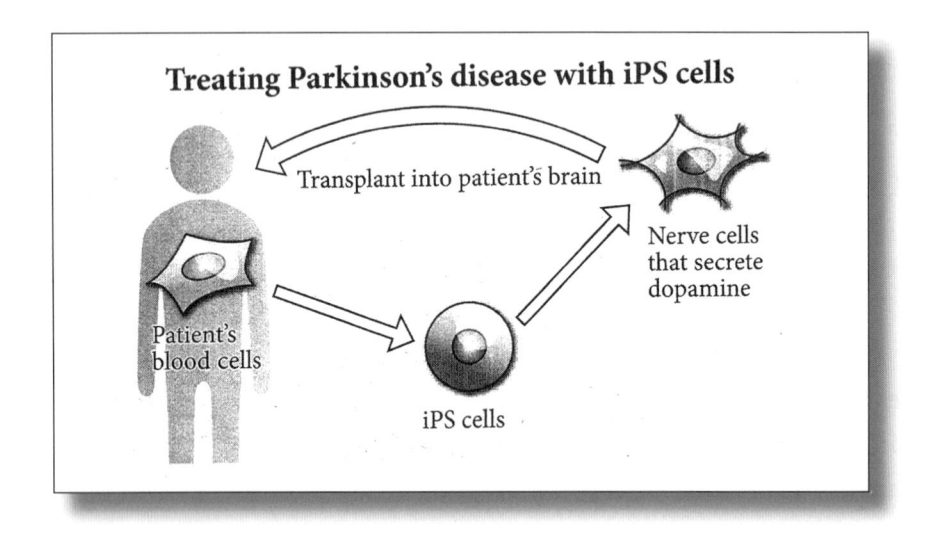

**Treating Parkinson's disease with iPS cells**

- Transplant into patient's brain
- Patient's blood cells
- iPS cells
- Nerve cells that secrete dopamine

  Jointly conducted by the Center and Kyoto University Hospital, the project will have researchers produce iPS cells (   <sup>1)</sup> blood cells taken from six patients. After (   <sup>2)</sup> each blood cell into tens of millions of neuron cells, the neurons will be transplanted into patients' brains. The patients will be (   <sup>3)</sup> for a year to evaluate the safety of the procedure.

| monitored | using | transforming |

# Chapter 15 • Tourist Information

観光地を案内する

歴史と伝統が香る街並みや、目を見張る絶景、最近のアニメやファッションまで、日本は外国人にとって魅力的な観光資源にあふれています。スケジュールに余裕があれば、お好みの観光スポットをぜひ案内しましょう。気分よく過ごしてもらうことで、交渉などの仕事がスムーズに進む可能性大です。ただし、十分な下調べも忘れずに。

## Warm Up

「観光立国」を掲げる日本では、多くの観光地で外国人用のパンフレットや地図が準備されています。取引先からの客を案内する際の下調べに活用しましょう。

### B Kiyomizu-dera Temple Area Walking Course

Kiyomizu-dera Temple—Sannenzaka—Ninenzaka—Ishibekoji—Maruyama Park—Chion-in Temple—Shoren-in Temple

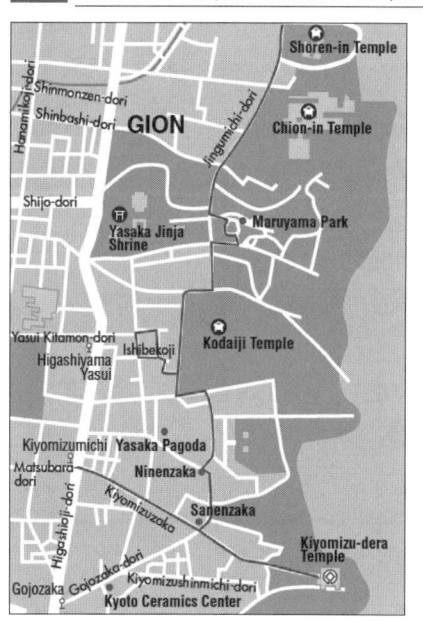

Kiyomizu-dera Temple – (2 min.) – Sannenzaka – (3 min.) – Ninenzaka – (5 min.) – Ishibekoji – (10min.) – Maruyama Park – (5 min.) – Chion-in Temple – (3 min.) – Shoren-in Temple

### Highlights

This walk ( <sup>1)</sup> ) at the amazing Kiyomizu-dera Temple complex. From the temple, visitors walk down a descending series of ( <sup>2)</sup> ) lanes full of pottery shops, cafés and restaurants. The path then leads into Maruyama Park, and on to the large compound of Chion-in Temple and Shoren-in Temple, ( <sup>3)</sup> ) of treasures and historical buildings.

## Quiz

DL 060　CD2-10

音声を聴いて、上の Highlights 中の 1 ～ 3 の空所を埋めましょう。

## Hop!

観光案内をする際に必要な基本語彙と表現を学びながら、音の同化について学びましょう。

**1** 空所に入る適切な語を選択肢から選んで書き入れましょう。その後、音声を聴いて正解を確認しましょう。　　DL 061　CD2-11

1. Would you (　　　　　) going by car or by train?
   車で行くのをお好みでしょうか、それとも電車でしょうか。

2. This shrine was built (　　　　　) two hundred years ago.
   この神社はほぼ200年前に建立されました。

3. Do I have to (　　　　　) a seat for the overnight bus?
   夜行バスの席を予約しなくてはなりませんか。

4. I'll (　　　　　) you up at your hotel tomorrow morning.
   明日の朝、ホテルまでお迎えに上がります。

5. As you know, it takes about two-and-a-half hours to (　　　　　) to Naha.
   ご存知のように、那覇まで飛行機でおよそ2時間半かかります。

| pick | fly | prefer | almost | reserve |

**2** 下の LISTENING FOCUS を読み、**1** の音声をもう一度聴きましょう。また、音の同化に注意しながら声に出して英文を読んでみましょう。

### LISTENING FOCUS　融合する音（音の同化）

連続した子音が相互に影響し合い、単独で発音された場合と異なる音になることがあります。この現象を同化といいます。たとえば did you が「ディヂュー」、have to が「ハフタ」のように聞こえます。同化は、英語が自然なスピードでリズムよく話されているとき自然に起こります。特に you や your とそのすぐ前の子音が融合して起こることが多いので、この現象に慣れておくとリスニング力の向上だけでなく、スピーキングもより自然になります。

## 3  音の同化に注意して音声を聴き、空所に入る適切な語を書き入れましょう。

DL 062   CD2-12

1. Tomorrow is (　　　　　) last day in Japan, isn't it?
   明日が日本で過ごす最後の日ですよね。

2. Why (　　　　　) you take a day off and visit Kyoto tomorrow?
   明日はお休みをとられて、京都に行かれてはどうですか。

3. I'll be your guide (　　　　　) you like.
   よろしければ案内役を務めさせていただきます。

4. (　　　　　) you ever seen *maiko* girls?
   舞妓さんに会われたことはありますか。

5. I (　　　　　) you're quite interested in Japanese *manga* culture.
   日本のマンガ文化に非常に興味をお持ちだと聞きました。

## 4  英文を読み、T/F 問題に答えましょう。

DL 063   CD2-13

**Exploring Kyoto**

Kyoto's Rakuto area, also known as Higashiyama, runs parallel to Kyoto's eastern mountains. Many of Kyoto's most famous temples and shrines and cultural facilities, such as museums, libraries and exhibition halls, are located here. The Rakuto area is especially suited for walking tours. The northern part of Kyoto is called Rakuhoku. Here, the visitor can enjoy rich natural beauty and numerous beautiful historical locations. As the area is mountainous, it is colder than the central part of the city, making it a popular summer retreat. The area around Kitayama Station is one of Kyoto's trendiest destinations at present.

1. In the Rakuto area, you can enjoy driving.   T / F
2. The central part of the city is hotter than Rakuhoku area.   T / F

## Step!

観光案内に役立つ基本単語と所在地を表す表現を学びましょう。

**1** 以下の日本語にあたる英語を a〜g から選びましょう。　DL 064　CD2-14

1. 運賃　　　　（　）　　a. opening hours
2. 入場料　　　（　）　　b. vending machine
3. 営業時間　　（　）　　c. priority seat
4. 自動販売機　（　）　　d. fare
5. 水族館　　　（　）　　e. national treasure
6. 国宝　　　　（　）　　f. admission fee
7. 優先席　　　（　）　　g. aquarium

**2** 空所に入る適切な語を選択肢から選んで書き入れましょう。その後、音声を聴いて正解を確認しましょう。　DL 065　CD2-15

1. Kyoto is about 500 kilometers west (　　　) Tokyo.
   京都は東京から西に 500 キロメートルほどです。

2. Mt. Kurama is (　　　) north of Kyoto.
   鞍馬山は京都の真北です。

3. Matsuo-taisha Shrine is (　　　) the western part of the city.
   松尾大社は市の西側にあります。

4. The Kyoto International Manga Museum is (　　　) in the center of the city.
   京都国際マンガミュージアムは市の中心部に位置しています。

5. Lake Biwa is far (　　　) from here.
   琵琶湖はここから遠く離れています。

6. The two temples are (　　　) walking distance.
   2つの寺は歩いていける距離にあります。

|  |  |  |  |  |  |
|---|---|---|---|---|---|
| away | within | of | in | located | directly |

Chapter 15 ····*Tourist Information*

# :::: Jump!

以下の場面設定を読んでから音声を聴き、設問に答えましょう。

> **Situation:** ライフスタイル社のケンジが、グレートアイデア社のロックさんを京都に案内しています。

**1** 会話の内容に合っているものには T 、合っていないものには F を書き入れましょう。

 DL 066   CD2-16

1. ケンジが案内している観光スポットは、八坂神社である。　　　　　（　　）
2. ロックさんは、この神社は他の神社と同じくらい歴史が深いと感じている。（　　）
3. この神社は、かつての御所を模して建造されたものである。　　　　（　　）

**2** 以下は **1** の会話の一部です。空所に入る適切な語を、選択肢から選んで書き入れましょう。その後、音声を聴いて正解を確認しましょう。　 DL 067   CD2-17

*Locke:* This courtyard is very large.
*Kenji:* Oh, that's an interesting (　　　　　¹) of this shrine. In fact, some popular singers (　　　　　²) their concerts here, and you can also enjoy a *noh* performance by torchlight in June.
*Locke:* What is a "*noh* performance"?
*Kenji:* Ah, it's a Japanese theatrical art with a long tradition. Performers wear masks which reveal their characters.
*Locke:* Mask play? You know a lot about Kyoto culture and history. You are not only a good businessman, but also an (　　　　　³) guide.

| hold | excellent | feature |

**Notes**　*noh* performance 能
　　　　　torchlight たいまつ

# Chapter 16 • Safety Signs

標識の英語に慣れる

標識には、工場や工事現場の安全標識から、駐車場やレストランといった公共の場所でのルールを通知するものまでさまざまな種類があります。なかでも安全標識は、見落とせば命にかかわることすらある重要なものです。短いフレーズで必要な情報を瞬時に伝え、同時に強いインパクトを与えなければなりません。

## Warm Up

以下は安全標識の例です。日本語の標識と比べてみるとよいでしょう。

**1.**

WARNING
NO TRESPASSING
Construction area.
KEEP OUT!

**2.**

IN CASE OF FIRE
DO NOT USE ELEVATORS
USE STAIRS

**3.**

DANGER
Highly corrosive chemicals
Avoid contact. Wear eye & body protection.
Risk of severe eye and skin injuries.

## Quiz

これらの標識は、どのような場所に掲示されると考えられるでしょうか。

## Hop!

安全標識の構成について学びましょう。

### Getting to Know the Style　安全標識

一般的な安全標識の構成は、以下のようになっています。

注意を喚起する言葉：標識の最も目立つ場所に、通常ブロック体で示します。（危険度が比較的低い場合は省略されます）
例：DANGER（危険）、WARNING（警告）、CAUTION（注意）、NOTICE（通知）

危険の特定：どのような種類の危険なのか、危険な場所や危険の原因を示します。
例：Construction Area（建設現場）、High Voltage（高電圧）、Asbestos（アスベスト）

指示文：危険を回避するための指示。DO NOT ～ や NO ～ といった強い禁止を表す指示や、立ち入りや使用を制限する場合には、～ ONLY などの文言が示されます。冠詞や be 動詞は原則として省略されます。
例：DO NOT ENTER（進入禁止）、NO TRESPASSING（立ち入り禁止）、NO SMOKING（禁煙）、EMPLOYEES ONLY（従業員のみ）

指示を守らなければ起こりうる事態：さらに危険を印象づけるために、指示に従わない場合に起こりうる事態を示します。（シンプルな標識では省略されます）
例：Risk of Serious Injuries（大けがのリスク）、Risk of Blindness（失明のリスク）

**1** 以下は、主に工場内などの危険区域を表す単語です。対応する日本語を a ～ g から選びましょう。

1. hazardous area　　　（　　）　　a. 危険区域
2. restricted area　　　（　　）　　b. 保全区域
3. hard hat area　　　（　　）　　c. 荷積み区域
4. fuel storage area　　（　　）　　d. 溶接区域
5. maintenance area　　（　　）　　e. 制限区域
6. welding area　　　（　　）　　f. ヘルメット着用区域
7. loading area　　　（　　）　　g. 燃料保管区域

**2** 以下は、危険の原因を表す表現です。対応する日本語をa～gから選びましょう。

1. flammable material　（　　）　　**a.** 磁場
2. corrosive chemical　（　　）　　**b.** 放射線
3. debris　（　　）　　**c.** 破片
4. ultraviolet light　（　　）　　**d.** 可燃性素材
5. radiation　（　　）　　**e.** 紫外線
6. biohazard　（　　）　　**f.** 腐食性化学物質
7. magnetic field　（　　）　　**g.** 生物災害（病原体など）

**3** 以下は、安全標識の指示文です。空所に入る適切な語を選択肢から選んで書き入れましょう。文頭の文字も小文字で示しています。

1. Keep (　　　　　). 立ち入り禁止。

2. (　　　　　) your step. 足下注意。

3. (　　　　　) personnel only. 関係者以外立ち入り禁止。

4. Maintenance in (　　　　　). 保守作業中。

5. Goggles (　　　　　) in this area. この区域では必ずゴーグル着用。

6. Aisle must be kept (　　　　　). 通路に物を置かないでください。

7. Do not operate machine when wind conditions (　　　　　) 28 mph.
   風速が毎時28マイルを超える場合は、機械を操作しないでください。

8. Read and understand the technical manual before (　　　　　) this machine.
   この機械の修理をする前に技術マニュアルを読み、理解すること。

| watch | required | out | exceed |
| clear | servicing | authorized | progress |

Chapter 16 · · · · *Safety Signs*

# 📖 Step!

工場や工事現場の安全標識のほかにも、普段目にすることの多いさまざまな標識の表現に慣れておきましょう。

以下の空所に入る適切な語句を選択肢から選んで書き入れましょう。その後、音声を聴いて答えを確認しましょう。　🎧 DL 068　💿 CD2-18

1. Fragile. Please (　　　　　) with care.
   コワレモノ。取扱注意。

2. Please wait to be (　　　　　).
   係の者がご案内しますので、しばらくお待ちください。

3. Do not leave bags and luggage (　　　　　).
   バッグや荷物から目を離さないでください。

4. May (　　　　　) drowsiness.
   (服用後)眠気をもよおすことがあります。

5. Keep out of children's (　　　　　).
   子供(乳幼児)の手の届かない所に置いてください。

6. No mobile phones (　　　　　) beyond this point.
   ここから先は携帯電話使用不可。

7. This area is under 24-hour surveillance. Trespassers will be (　　　　　).
   この区域は(監視カメラで)24時間監視中です。侵入者は告訴されます。

8. All visitors must (　　　　　) at reception.
   訪問者は全員受付で名前を記入しなければなりません。

| | | | |
|---|---|---|---|
| allowed | seated | unattended | sign in |
| cause | prosecuted | reach | handle |

# Jump!

では、応用問題にトライしましょう。

1. (　　)　　2.  (　　)　　3. (　　)

4.  (　　)　　5.  (　　)　　6. (　　)

上の1～6は、普通どのような場面で目にするものでしょうか。最も適切な選択肢を選びましょう。同じ選択肢を複数回用いてもかまいません。

a. 小包などの荷物
b. 車道脇
c. エスカレーター周辺
d. 工場あるいは工事現場
e. トイレ

# Chapter 17 • Dinner Talk

食事の席での歓談

顧客や取引先と食事を共にする際は、レストランでの基本的な語彙・表現だけでなく、会話を弾ませるための豊富な話題や語彙を持っていることが大切です。文化的な話題で教養豊かな一面を見せたり、個人的な話題をうまく挟むことで、より親密な関係を築くことにもつながります。

## Warm Up

英語のメニュー表記の基本的な語彙とスタイルを確認しましょう。以下のように、料理名の後に、材料名や調理法の説明を過去分詞を伴うなどして付け加えるのが一般的です。

---

### *Restaurant Venus Menu*

#### *Appetizers*

**Chicken Fingers**  chicken tenders rolled in our flavored breading    $9.00

**Mozzarella Sticks**  homemade from whole (        1) mozzarella cheese

$8.00

#### *Salads*

**House Salad**  romaine lettuce, tomato and cucumber    $7.00

**Caesar Salad**  prepared individually with our own (        2)    $8.00

#### *Main Dishes*

**Shepherd's Pie**  made with minced beef and lamb with onions and carrots

$14.00

**Turkey and Wild Mushroom Meat Loaf**  wrapped in bacon with tomato (        3)

$25.00

**Grilled North Atlantic Salmon**  served with garlic sauce    $24.00

---

## Quiz

DL 069   CD2-19

音声を聴いて、上のメニューの1〜3の空所を埋めましょう。

## Hop!

取引先とレストランで食事をする際に必要な基本語彙と表現を学びながら、**音の脱落**について学びましょう。

**1** 空所に入る適切な語を選択肢から選んで書き入れましょう。その後、音声を聴いて正解を確認しましょう。　　DL 070　CD2-20

1. I think that's (　　　　) for today's discussion.
   今日の議論はここまでにしましょう。

2. It's (　　　　) time for lunch.　そろそろ昼食の時間ですね。

3. There's a nice Spanish restaurant (　　　　) our office.
   事務所の近くにいいスペイン料理のレストランがあります。

4. We have a (　　　　) of the *sashimi* course or the steak course.
   刺身コースかステーキコースを選択できます。

5. You must (　　　　) the wild duck.
   野ガモをおすすめします。

| try | about | enough | choice | near |

**2** 下の LISTENING FOCUS を読み、**1** の音声をもう一度聴きましょう。また、音の脱落に注意しながら声に出して英文を読んでみましょう。

**LISTENING FOCUS**　　聞こえなくなる音（音の脱落）

前の単語の最後の音と、続く単語の最初の音が同じ音または似た音の場合、特に前の音が聞こえなくなる現象を**脱落（エリジョン）**といいます。たとえば take care の場合、「テイケア」のように聞こえます。普段の会話でも頻繁に起こる現象ですので、ネイティブ・スピードのリスニングについていくためにも、ぜひ慣れておきましょう。また、自分で発音する場合にも脱落をうまく使いこなすことができれば、英語らしいリズムにつながります。

Chapter 17 ···· *Dinner Talk*

**3** 音の脱落に注意して音声を聴き、空所に入る適切な語を書き入れましょう。

🎧 DL 071  💿 CD2-21

**1.** You have been (                    ) to have dinner with our boss this evening.
あなたは今晩われわれの上司とのディナーに招待されていますよ。

**2.** We are holding an (                    ) lunch meeting today.
本日略式のランチミーティングを予定しています。

**3.** I recommend the roasted asparagus as a side (                    ).
サイドメニューとしてアスパラガスのオーブン焼きをおすすめします。

**4.** Would you like (                    ) with your dessert?
デザートと一緒にコーヒーはいかがですか。

**5.** I'd like to propose a (                    ) to your health.
ご健康を祝して乾杯したいと思います。

**4** 英文を読み、T/F 問題に答えましょう。

🎧 DL 072  💿 CD2-22

---

### Pacific Seafood House

Pacific Seafood House is the most highly awarded restaurant in San Francisco. Whether it is a romantic seafood dinner for two, an important business luncheon or a private party, Pacific Seafood House can accommodate your needs. Our menu is extensive. It features everything from freshly grilled local oysters to delicious fish tacos and locally smoked salmon with horseradish cream. We also have a selection of set menu and platter options available. To provide our guests the freshest product available, our menu changes frequently. Please visit our website to view a sample of our menu.

---

**1.** The restaurant has a good reputation.   T / F
**2.** The restaurant offers you set menus only.   T / F

# Step!

メニューを理解するために知っておくべき、基本的な調理法と食材名を表す表現を学びましょう。

**1** 音声を聴き、以下の日本語にあたる英語の動詞を完成させましょう。

DL 073　CD2-23

1. 火を通す　　　　　　　　( c　　　　　　 )
2. フライパンなどで炒める　( s　　　　　　 )-fry
3. オーブンで焼く　　　　　( r　　　　　　 )
4. 燻製にする　　　　　　　( s　　　　　　 )
5. 蒸す　　　　　　　　　　( s　　　　　　 )
6. 網焼きにする　　　　　　( g　　　　　　 )
7. 揚げる　　　　　　　　　( d　　　　　　 )-fry

**2** 以下の英語の食材名にあたる日本語の名称をa～gから選びましょう。

DL 074　CD2-24

1. squid　　　　　(　　)　　5. eggplant (aubergine)　(　　)
2. shrimp　　　　(　　)　　6. eel　　　　　　　　　(　　)
3. lamb　　　　　(　　)　　7. turkey　　　　　　　(　　)
4. spinach　　　　(　　)

| a. 仔羊 | b. ウナギ | c. 小エビ | d. ナス |
|---|---|---|---|
| e. 七面鳥 | f. イカ | g. ホウレンソウ | |

**3** 以下は日本料理の名称を英訳したものです。もとの日本語名を選択肢から選びましょう。

DL 075　CD2-25

1. Rolled omelet　　　　　　　　　　　　　　　　(　　　　　　)
2. A bowl of rice topped with chicken and eggs　　(　　　　　　)
3. Skewered grilled chicken　　　　　　　　　　　(　　　　　　)

焼き鳥　　親子丼　　卵焼き

Chapter 17 ···· *Dinner Talk*

# 📊 Jump!

以下の場面設定を読んでから会話を聴き、設問に答えましょう。

> **Situation:** ロックさん、高倉さん、ケンジがレストランで食事をしています。3人はデザートを注文しようとしています。

**1** a～eのうち、会話の内容と合う選択肢を1つ選びましょう。　🎧 DL 076　💿 CD2-26

    a. 最終的に3人とも別々のデザートを注文した。
    b. 最終的にロックさんとケンジは同じデザートを注文した。
    c. 高倉さんが注文したのは「イチゴのアイスクリーム添え」である。
    d. ケンジの母親は、月に1回程度クレープ・シュゼットを焼いていた。
    e. ロックさんはケンジよりも頻繁にクレープ・シュゼットを食べていた。

**2** 以下は **1** の会話の一部です。空所に入る適切な語を、選択肢から選んで書き入れましょう。その後、音声を聴いて正解を確認しましょう。　🎧 DL 077　💿 CD2-27

***Kenji:*** I'll have the crepe suzette with hot chocolate.
***Locke:*** Wow, you can still eat crepe suzette after eating such a big (　　　　　<sup>1)</sup>)?
***Kenji:*** Crepe suzette (　　　　　<sup>2)</sup>) back memories of my childhood. My mother used to make them for me almost every weekend.
***Locke:*** What a nice (　　　　　<sup>3)</sup>). OK, I've changed my mind. Could I have the crepe suzette, too?
***Takakura:*** Well, then, me, too!

> brings　　meal　　memory

*Note*　crepe suzette クレープ・シュゼット（オレンジジュース、すりおろしたオレンジの皮、リキュールなどで作るクレープ）

85

# Chapter 18 Abstracts

論文アブストラクトを読む

自分の行う研究について論文を書く際には、「アブストラクト（Abstract）」（抄録）という論文の内容をまとめた200字程度の要旨をつけます。アブストラクトには、その研究の意義や結果が簡潔かつ明瞭に述べられている必要があります。

## Warm Up

アブストラクトを作成するための手順を知りましょう。

**1.** 自分の研究について以下の点をまとめる。

- 何について研究したか。何を実験したか
- 研究するに至った経緯
- 当研究は以前の研究とはどこが違うのか
- どんな結果になったか
- その結果から何が言えるか

**2.** 投稿しようと思う学会などの投稿規定を調べる。学会によって、求められる論文の要素やアブストラクトの長さが異なる場合があるので注意する。

> 例：Abstracts of up to 100 words for Short Papers or 200 words for Full/Survey Papers are required for all papers submitted. Each paper should have up to 5 keywords.

## Quiz

上の投稿規定によると、論文をこの雑誌に投稿する場合、アブストラクトの他に付けなければならないものは何でしょうか。

## Hop!

論文アブストラクトの構成について学びましょう。

### Getting to Know the Style　論文アブストラクト

論文アブストラクトとは、研究論文を雑誌に投稿したり口頭発表をする際に、関係研究機関が精査し、可否を決定するのに使われる重要な資料です。自分の研究が独創的で新規性に富んでいることをアピールするものですが、読み手にわかりやすく書かれていなければなりません。

**アブストラクトの構成法**
アブストラクトには、次のような情報が適宜盛り込まれます。

① 研究の背景 → ② 論文（研究）の目的 → ③ 実験の方法 → ④ 実験結果 → ⑤ 結論

**1** 各フレーズは、上記①〜⑤のどの項目を述べる際に使用されるでしょうか。空所に番号を書き入れましょう。

1. In this study, XYZ approach is used ...　　　(　)
2. In this research, we explore the ...　　　(　)
3. We conclude that ...　　　(　)
4. From this experiment, we found that ...　　　(　)
5. This study aims to ...　　　(　)
6. We propose an XYZ method ...　　　(　)
7. The results of this experiment indicate that ...　　　(　)
8. A number of studies have reported that ...　　　(　)

2 以下の論文アブストラクトを読み、日本語訳の1〜3の空所を埋めましょう。

## Abstract

研究の背景・目的 To reduce traffic accidents by the elderly, it is desirable to develop a driver assistance system for them. 実験の方法 In this paper, a paced auditory serial addition test (PASAT), a calculation task given by voice, was imposed on elderly drivers to examine the effect of this task on driving performance. By analyzing the steering data of the vehicle, the effect of the auditory task on the driving performance of the elderly was investigated. 実験結果・結論 The results showed that the smoothness of steering operations worsened when the PASAT was imposed on the drivers.

高齢者による交通事故の件数を（　　　　　1）、高齢者向けの運転支援システムの開発が望まれている。本論文においては、音声刺激が運転行動に与える影響を（　　　　　2）ために、間隔をあけて行う音声による数字の足し算テスト（PASAT）という音声によって与えられる計算問題を高齢ドライバーに課した。車の操舵データを（　　　　　3）ことにより、高齢者の運転行動への音声刺激の影響を調べた。その結果、PASATをドライバーに課している間は、操舵の安定性が悪くなることがわかった。

Chapter 18 .... *Abstracts*

## 📚 Step!

論文アブストラクトについて、より知識を深めましょう。

> アブストラクトを作成する際に注意すべき**文法**の**特徴**があります。
> ① 研究を誰が行ったかは自明であるため、行為者を明示しない**受動態**や、**無生物主語**が多用される傾向があります。
> ② 一般的に、研究の目的や結論、絶対的な真理、広く認められた仮説などは**現在形**、実験や数値計算の結果は**過去形**で述べられます。過去のことであっても、現在の研究に関連のある事柄や、すでに科学的事実と認められる事柄に関しては**現在完了形**が用いられます。

**1** 日本語訳を参考に（　　）内の動詞を適切な受動態の形にしましょう。その後、音声を聴いて答えを確認しましょう。　　　　　　　　　　　DL 078　　CD2-28

1. All new drugs ( evaluate → 　　　　　　　　　 ) in experiments on animals before using them in clinical practice.
   すべての新薬は臨床で使用される前に、動物実験で評価される。

2. This approach can ( apply → 　　　　　　　　　 ) to clinical research.
   この方法は臨床研究に応用できる。

3. We adapted this method to the experimental system which had ( develop → 　　　　　　　　　 ) in our earlier study.
   我々は、過去の研究で開発された実験的なシステムに、この方法を採用した。

**2** （　　）内の動詞を適切な時制に変化させましょう。その後、音声を聴いて答えを確認しましょう。　　　　　　　　　　　DL 079　　CD2-29

1. We ( conduct → 　　　　　　　　　 ) an experiment to examine the effects of temperature on daily mortality across Japan.

2. A total of 700,000 non-accidental deaths in six cities during 2001-2005 ( be → 　　　　　　　　　 ) analyzed.

3. The purpose of our study ( be → 　　　　　　　　　 ) to develop a small-sized, lightweight and low-cost wearable computer.

4. Recently, power-assisted nursing care systems ( receive → 　　　　　　　　　 ) much attention.

# Jump!

では、応用問題にトライしてみましょう。

以下は、あるロボットを使った実験について述べた論文のアブストラクトです。日本語訳を参照し、英文中の空所に入る適切な動詞を選択肢から選び、必要であれば形を変えて書き入れましょう。

**Abstract**

In this paper, we (            1) the importance of the reactive behaviors of humanoid robots against human actions for smooth communication. We (            2) that the reactive behaviors of robots play an important role in achieving human-like communication between humans and robots since the latter need to be recognized by the former as communication partners. To evaluate this hypothesis, we (            3) psychological experiments in which we presented subjects with four types of reactive behaviors resulting from pushing a wheeled inverted-pendulum-type humanoid robot. From this experiment, we (            4) that the subjects' impressions of the robot regarding extroversion and neuroticism changed with the robot's reactive behaviors. We also (            5) the reasons for such changes in impressions by comparing the robot's behavior with the human reactions to it.

| find | hypothesize | conduct |
| discuss | report | |

　本論文では、スムーズなコミュニケーションのために、人間の行動に対する人型ロボットの反応動作の重要性を報告する。ロボットは人間にコミュニケーションの対象と認識される必要があるため、ロボットの反応動作は、人間とロボット間で、人に近い形のコミュニケーションを達成することにおいて重要な役割を果たすという仮説を立てる。この仮説を検証するため、心理的な実験を行い、倒立振子移動機構を持つ人型ロボットを押すことで生じる4種類の反応動作を被験者に与えた。この実験から、外向性と情緒安定性に関して被験者のロボットに対する印象が、ロボットの反応動作によって変化することがわかった。また、ロボットと人間の反応動作を比較し、そのような印象の変化の理由に関しても述べる。

# Chapter 19 • Preparation for Meetings

会議の準備をする

会議の目的や規模はさまざまですが、円滑に進め、目的を果たすには、事前に準備・確認が欠かせません。ここでは、その準備に関する基本的なやりとりを学びます。

## Warm Up

会議の開催を通知するメールの一例を読んでみましょう。

---

**From:** Kenji Yamazaki, Legal Department
**To:** Meeting participants
**Subject:** Wednesday Meeting

---

To those who are attending the Alliance Planning Meeting:

The meeting will be held in Room (　　　1) on Wednesday, September 12 from 2:00 p.m. Ms. Sandra Locke from Great Ideas Corporation will be present.

The agenda is as follows:

Agenda:
1. Greetings from Ms. Locke
2. (　　　2) of the current business environment
3. Introduction of different schemes for the planned alliance
4. Other business

Chairperson: Masaru Suzuki, Legal Dept.

If you have any questions about this meeting, please feel free to (　　　3) me by email.

Regards,
Kenji Yamazaki

---

**Notes** Alliance Planning 提携計画　agenda アジェンダ（議題を進行の順に沿って列挙したもの）

## Quiz

音声を聴いて、上のメールの1～3の空所を埋めましょう。

# Hop!

日時や議題の確認など、会議の準備に関する基本語彙と表現を学びながら、音の変形について学びましょう。

**1** 空所に入る適切な語を選択肢から選んで書き入れましょう。その後、音声を聴いて正解を確認しましょう。　　　DL 081　CD2-31

1. We are (　　　　　) up a meeting for next week.
   来週の会議の準備をしているところです。

2. We've got a lot of things to (　　　　　).
   議論すべきことがたくさんあります。

3. We'd like to put the (　　　　　) on the agenda for an upcoming meeting.
   その問題を次の会議のアジェンダに載せたいと思います。

4. Today's meeting (　　　　　) at 3:00 p.m. in Conference Room 304.
   今日の会議は、304号会議室で、午後3時から始まります。

5. The meeting will end around five with (　　　　　) remarks by Mr. Ito.
   会議は5時ごろに、伊藤さんの閉会の言葉で終わります。

> closing　　discuss　　setting　　starts　　matter

**2** 下の LISTENING FOCUS を読み、**1** の音声をもう一度聴きましょう。また、音の変形に注意しながら英文を声に出して読んでみましょう。

### LISTENING FOCUS　変形する音（音の変形）

リスニングの際に注意すべき音の変化として、音の同化・脱落・連結を学びました。ここではそれ以外の現象について学びます。アメリカ英語では、/t/ の音が母音にはさまれると、ラ行に近い音に変わります。たとえば、letter は「レラー」、get off は「ゲロフ」のように聞こえます。

Chapter 19 · Preparation for Meetings

**3** 空所に入る適切な語句を選択肢から選んで書き入れましょう。また、音声を聴き、音の変形に注意しながら英文を声に出して読んでみましょう。　DL 082　CD2-32

1. The next meeting is (     ) for Thursday, June 30th.
   次の会議は6月30日木曜日に行われる予定です。

2. The meeting on Wednesday has been rescheduled for Friday and the time will be (     ) later.
   水曜日の会議は金曜日に変更になりました。時間は後ほど連絡があります。

3. We have several important (     ) to discuss.
   議論すべき用件がいくつかあります。

4. What else should be (     ) in the agenda?
   他にアジェンダに入れておくべきことはありますか。

5. Would you mind joining our meeting this afternoon?
   No, not (     ).
   本日午後の会議に参加していただいてもよろしいでしょうか。
   もちろんです。

| matters | included | at all | announced | scheduled |

**4** 以下は会議に関するEメールです。英文を読んで、T/F 問題に答えましょう。　DL 083　CD2-33

---

Dear All,

I'm writing to let you know that Thursday's meeting has been postponed to next week. The new date is Wednesday, July 14th. It starts at 3:00 pm. The meeting room will be changed from Room 410 to Room 403. At the meeting, we're going to discuss the sales promotion campaign that runs from August 1st. Please come prepared. I'd like each of you to present your ideas. Please feel free to contact me if you have questions.

David Carr
Sales Manager

---

1. The meeting on Thursday was supposed to be held in Room 410.　T / F
2. According to the email, those who attend the meeting need to contact Mr. Carr.
                                  T / F

## Step!

会議に関する基本語彙を学びましょう。

**1** 以下の英単語に対応する日本語をを a ～ g から選びましょう。 🎧 DL 084　💿 CD2-34

1. chairperson　　　（　）　　a. 視覚資料
2. attendee　　　　（　）　　b. 参加者
3. brainstorming　　（　）　　c. 名札
4. visual aid　　　 （　）　　d. 複数で意見を出し合うこと
5. nameplate　　　 （　）　　e. 司会者
6. minutes　　　　（　）　　f. 予定を再度通知すること、またはそのメールなど
7. reminder　　　 （　）　　g. 議事録

**2** 音声を聴き、空所に入る適切な語を書き入れましょう。 🎧 DL 085　💿 CD2-35

1. I'm going to place the (　　　　　　) on the table in front of each person.
   各人の前のテーブルに名札を置きます。

2. This meeting room has (　　　　　　) Internet access, doesn't it?
   この会議室では無線のインターネット接続が使えますよね？

3. The presentation will be about 30 minutes (　　　　　　).
   プレゼンはおよそ30分間です。

4. Please send me the (　　　　　　) of the meeting so I can catch up.
   内容を確認しておきたいので、会議の議事録を送ってください。

5. The meeting room is too hot. Could you (　　　　　　) the temperature?
   会議室が暑すぎますね。温度を下げていただけませんか。

94

Chapter 19 ···· *Preparation for Meetings*

# Jump!

以下の場面設定を読んでから音声を聴き、設問に答えましょう。

> **Situation:** ケンジがグレートアイデア社のロックさんと、これから行われる会議について話しています。ケンジが会議の趣旨や雰囲気を伝えようとしています。

**1** 質問に対して、会話の内容に合う選択肢を選びましょう。　DL 086　CD2-36

**1.** ロックさんが会議で求められていることは、次のうちどれでしょうか。
  **a.** 自己紹介と会社の紹介を行う
  **b.** フォーマルなスピーチを行う
  **c.** プロジェクトの将来展望を話す

**2.** 今回の会議は、どのような会議だと考えられますか。
  **a.** 第1回目の会議
  **b.** プロジェクトの最終確認の会議
  **c.** 重要な意思決定の会議

**2** 以下は **1** の会話の一部です。空所に入る適切な語を、選択肢から選んで書き入れましょう。その後、音声を聴いて正解を確認しましょう。　DL 087　CD2-37

*Kenji:* You know we've given you about 30 minutes at the beginning of the meeting.
*Locke:* Yes, I do, but what am I ( ____¹⁾ ) to talk about?
*Kenji:* Well, I don't think it has to be very ( ____²⁾ ). The agenda says it's "greetings." So, please introduce yourself and your company to us in a very casual ( ____³⁾ ). Everyone is very interested in hearing about you and your company.
*Locke:* I see. I'll do my best to make my talk interesting.

| formal | supposed | manner |
|---|---|---|

# Chapter 20 ● Data and Graphs

グラフを解説する

グラフは、数値データを視覚的にわかりやすく提示するために欠かせないツールといっていいでしょう。グラフ化することによって、数値の変化をある種の「動き」としてとらえることができるようになりますが、グラフを解説する英語にも「動き」を表す表現が多用されます。グラフ解説も英語でこなす力を身につけ、プレゼン力を強化しましょう。

## Warm Up

次のグラフは、各国の特許の出願動向を表しています。

**Patent filing trends**
(Japan Patent Office survey)

China 825,000
U.S. 572,000
Japan 328,000

(2005–'13, Millions)

## Quiz

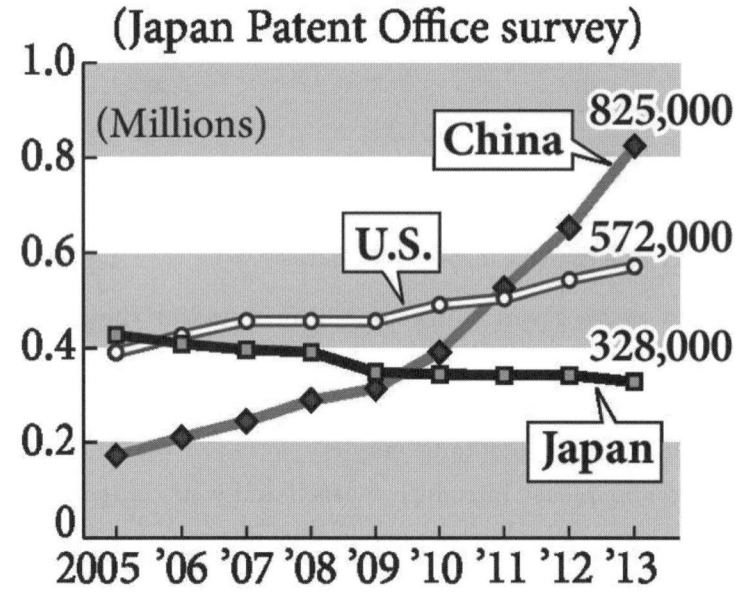

上のようなグラフは、英語では何と呼ばれるでしょうか。

   **a.** pie graph/chart    **b.** line graph/chart    **c.** bar graph/chart

Chapter 20 ···· *Data and Graphs*

# Hop!

グラフの基本語彙と解説文について学びましょう。

**Getting to Know the Style**　　データとグラフ

グラフに関する基本語彙
bar graph/chart（棒グラフ）、line graph/chart（折れ線グラフ）、pie graph/chart（円グラフ）、scatter plot（散布図）、x-axis（X軸）、y-axis（Y軸）、horizontal axis（横軸）、vertical axis（縦軸）、solid line（実線）、dotted line（点線）、broken/dashed line（破線）など。

実験報告書や論文ではあまり見られませんが、メディアの英語では数値の変化を比喩的に表す動詞も好まれます。以下の動詞と副詞を組み合わせて、表現の幅を広げましょう。

数値の変化を表す動詞
増加を表す動詞：increase, go up, rise, jump, soar など。
減少を表す動詞：decrease, go down, fall, drop, decline など。

数値の変化を表す副詞
slightly（わずかに）、gradually（徐々に）、rapidly（急速に）、drastically（急激に）、steadily（着実に）、significantly（著しく）など。

**1** 以下は、Warm Up の特許出願動向を表すグラフの解説文です。グラフを参照しながら英文を読み、日本語訳の空所を埋めましょう。

In 2005, about 420,000 patent applications were filed in Japan, the highest number in the world. However, Japan was overtaken by the United States in 2006, and by China in 2010. China, boosted by its remarkable economic growth, is significantly advancing in the number of patent filings. In 2013, its patent filings totaled about 825,000, a 26 percent increase from the previous year, and 2½ times as many as the number filed in Japan.

　2005年、日本では世界最多の42万件の特許申請が（　　　　1)　　　　）された。しかし、2006年には（　　　　2)　　　　）に、2010年には（　　　　3)　　　　）に追い越された。中国は、目覚ましい経済成長に後押しされ、特許出願件数を著しく伸ばしている。2013年には中国の特許出願件数は合計およそ82万5,000件と、前年に比べて26％増加し、日本における出願数の（　　　　4)　　　　）であった。

97

**2** 以下は、グラフの解説文によく見られる表現です。空所に入る適切な語を選択肢から選んで書き入れましょう。その後、音声を聴いて答えを確認しましょう。

DL 088　CD2-38

1. The ( dotted ) line represents the temperature.
   点線は温度を表しています。

2. The number of foreign tourists has increased ( significantly ).
   外国人観光客の数が著しく増加した。

3. Japan's $CO_2$ emissions ( fell ) sharply in 2009.
   日本の $CO_2$ 排出量は2009年に急激に減少した。

4. The number of accidents ( went ) up to 55 last year.
   事故件数は昨年55件に増加した。

5. China ( accounts ) for about 60% of global demand for elevators.
   エレベーターの世界的な需要のおよそ60%は、中国が占めている。

6. Sales at in-station stores have ( risen ) by 30-50%.
   駅ナカ店舗の売上は30〜50%上昇した。

7. The number of cafés in Japan has decreased ( by ) about 50% in the last twenty years.
   日本における喫茶店の数は、ここ20年間でおよそ50%減少した。

8. A ( drop ) in demand after the tax increase is unavoidable for department stores.
   デパートにとって、増税後の需要の落ち込みは避けがたい。

| by | went | accounts | significantly |
|---|---|---|---|
| risen | fell | drop | dotted |

Chapter 20 ···· *Data and Graphs*

# Step!

多くのグローバル企業が、広報活動の一環として前年度の業績を冊子 (年次報告書) にして公表しています。

以下は、カルビー株式会社の年次報告書からの抜粋です。グラフを参照し、その内容を解説した文章の空所に入る適切な語を、選択肢から選んで書き入れましょう。

**A.**

General merchandisers and supermarkets constitute our primary sales channel, (       1) for 38.5% of sales, (       2) by convenience stores at 22.6%, drugstores and discount stores at 21.8%, and other retailers at 17.1%.

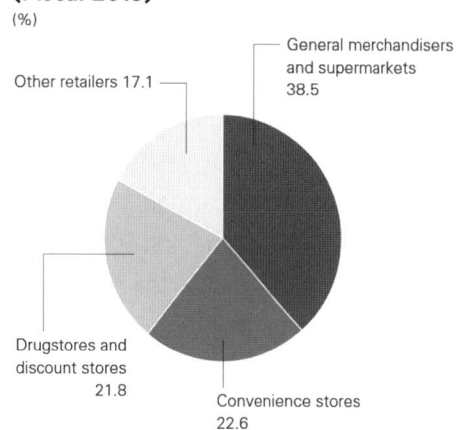

1. account / accounting / accounted
2. follow / following / followed

**Composition by Sales Channel (Fiscal 2013)**
(%)
- General merchandisers and supermarkets 38.5
- Convenience stores 22.6
- Drugstores and discount stores 21.8
- Other retailers 17.1

**B.**

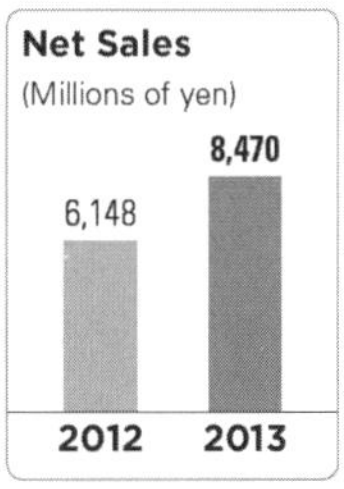

In fiscal 2013, sales of cereals (       3) 37.8% year on year to ¥8,470 million, mainly as a result of a stronger publicity campaign for *Fruit Granola*.

3. rise / risen / rose

**Cereals**
Net Sales (Millions of yen)
- 2012: 6,148
- 2013: 8,470

**C.**

Sales in fiscal 2013 grew by ¥16,143 million. Potato-based snacks accounted for roughly (       4) of this increase, at ¥8,019 million. Sales of new snack products grew (       5) ¥2,844 million.

4. half / 30% / 75%
5. to / by / with

**Sales Contribution by Product in Fiscal 2013**
(Millions of yen)

| Net sales | +16,143 |
|---|---|
| Potato-based snacks total | +8,019 |
| New products (*Vegips*, etc.) | +2,844 |
| Overseas | +2,067 |
| Cereals | +2,322 |
| Others | + 890 |

# Jump!

では、応用問題にトライしましょう。

以下の英文とグラフを読み、設問に答えましょう。

Wholesale prices of fish such as salmon, yellowtail and bonito have increased by 20 to 70 percent. The trend has hit fish lovers' pockets while also posing a headache for business operators.

At the Tsukiji market in Tokyo, salmon trout was traded at ¥952 per kilogram in May 2014, up 70 percent from the same month last year. Farmed yellowtail also showed a price jump of 60 percent, to ¥1,134, from last year. The price of bonito for raw dishes, which usually drops in May as the volume of fish caught increases from April, rose more than 20 percent on a year-on-year basis.

In a 2013 household survey by the Internal Affairs and Communications Ministry, the fish most commonly purchased by households of more than two people was salmon, while yellowtail ranked fourth and bonito was tenth. These three varieties of fish made up for more than 20 percent of total fish purchased by households.

**Prices of fish popular for home consumption**

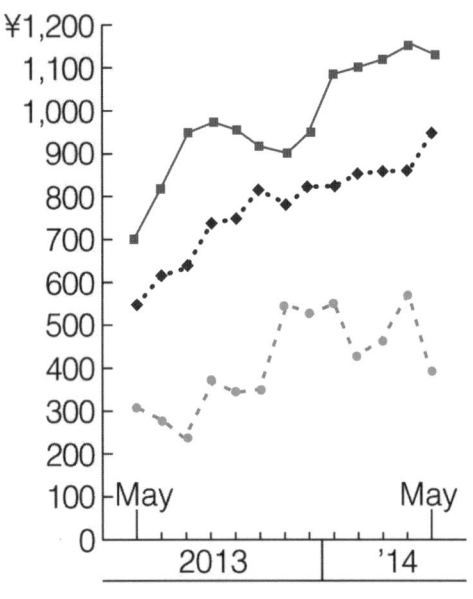

\* Per-kilogram prices of fish traded at Tsukiji market. Prices for May 2014 are preliminary figures. (Source: Japan Fisheries Information Service Center)

***Notes***　farmed yellowtail 養殖ブリ（ハマチ・メジロなども含めて）　bonito カツオ

グラフ中の以下３つの折れ線は、それぞれどの魚の価格を示しているでしょうか。

1. Solid line　　　(　　　　　　　　)
2. Dotted line　　(　　　　　　　　)
3. Dashed line　　(　　　　　　　　)

# Chapter 21 ● Presentation 1

プレゼンテーションで役立つ表現

> セミナーや会議でプレゼンテーションを行う場合、効率よく効果的に相手に内容を伝えるためには、まず「全体の構成」が重要です。ここでは、基本的な構成を学び、その各パートにおける基本表現を学ぶことによって、英語でプレゼンテーションをこなすための基礎を固めましょう。

## Warm Up

プレゼンテーションの基本的な構成は、一般的に 導入部 ⇒ 本体 ⇒ 結論部 の3つに分けられます。たとえば新製品の紹介を目的とするプレゼンテーションでは、次のような基本構成が考えられます。

### ① 導入部 (Introduction)

- 企業、担当者の紹介
- テーマの概要
- 新製品、市場などの背景
- 現状の解説

### ② 本体 (Body)

- 新製品の概要（特徴、仕様など）
- マーケティング、販売戦略の解説
- 競合製品に対する優位性（特許の取得など）
- 今後の計画、目標（具体的なデータの提示を含む）の解説

### ③ 結論部 (Conclusion)

- 重要なポイントを簡潔に繰り返す
- 本体の内容について補足説明

## Quiz　　DL 089　CD 2-39

音声を聴いて、各表現が用いられるのは、上の①〜③のうちどこであるかを答えましょう。

1. (　　)　　2. (　　)　　3. (　　)

## Hop!

プレゼンテーションの各パートの基本語彙と表現を学びながら、ポーズの置き方を復習しましょう。

**1** 空所に入る適切な語を選択肢から選んで書き入れましょう。その後、音声を聴いて正解を確認しましょう。　DL 090　CD2-40

1. Thank you for giving me the (　　　　) to talk to you today.
   本日は皆様にお話しする機会をいただき、誠にありがとうございます。

2. Our company has been doing (　　　　) in more than 20 countries.
   わが社は20を超える国々で営業活動をしております。

3. Our new products are more (　　　　) and quieter than our previous models.
   わが社の新製品は従来のモデルよりもより耐久性が高く、また静音性においても優れています。

4. Our (　　　　) is to boost this year's sales, especially to increase sales in the U.S.
   わが社の目標は今年度の売上を促進すること、特にアメリカにおける売上を増加させることです。

5. Thank you very much for your (　　　　). If you have any questions, please do not hesitate to ask.
   ご清聴ありがとうございました。何かご質問がございましたら、ご遠慮なくお尋ねください。

| goal | opportunity | attention | durable | business |

**2** 下の LISTENING FOCUS を読み、**1** の音声を聴きましょう。また、例を参考にしてそれぞれの文でポーズの置かれていた箇所にスラッシュ（／）を書き入れましょう。

例：Thank you / for giving me the opportunity / to talk to you today.

### LISTENING FOCUS　　ポーズ 2

プレゼンテーションでは、目の前の人に向かってただ話すのではなく、聴衆全体にわかりやすく話さなくてはなりません。ひとつひとつの発音が正しくても、ポーズの置き方が不自然だと、聴きにくくわかりにくいという印象を与えてしまうこともあります。Chapter 3で学んだポーズの置き方に加えて、「意味のまとまり」に注目してポーズを置くようにしてみましょう。同じ文章でも、強調したい箇所によってポーズの置き方は変化します。他の人に聴いてもらい、印象をコメントしてもらうことも大切です。

3 以下の表現は、プレゼンテーションのどのパートで用いると考えられるでしょうか。Warm upを参照し、空所に適切な選択肢を下から選んで書き入れましょう。また、音声を聴き、ポーズに注意しながら声に出して英文を読んでみましょう。

1. (　) Now, let me summarize the important points.
2. (　) My presentation will last about 30 minutes.
3. (　) The customers we target are single women around forty who have a strong interest in overseas travel.
4. (　) Before moving onto the main subject, I would like to talk about the current economic background of our industry.
5. (　) This table shows the difference between our new products and those of our rival companies.
6. (　) Thank you again for taking the time to join us today.
7. (　) Today, Masao Ito, Project Manager of the R&D Department, is going to introduce our new product.
8. (　) Now, let's move on to our sales strategies.

a. 導入部　　b. 本体　　c. 結論部

4 以下のプレゼンテーションの導入部分を読み、T/F 問題に答えましょう。

Thank you for giving me the opportunity to talk to you today. I'm Emma Gibson from the R&D Department. I'm here today to introduce our new product, the ProSweeper 5003X, which is the latest model of our ProSweeper series. After almost four years of R&D, we have finally developed a product that will change the way people clean. My presentation will last about 30 minutes. First, I'm going to introduce some of the features of the 5003X. After that, Mr. Alex Chang from the Sales Department will discuss the marketing strategy for the product. We'll be happy to answer your questions at the end of the talk.

1. It took about four years to develop ProSweeper 5003X.　T / F
2. Mr. Chang's speech will start after Ms. Gibson answers the audience's questions.

T / F

## Step!

プレゼンテーションでは、スライド（またはハンドアウト）の数値を見せながら説明することがしばしばあります。数値に単位が付加されていることが多いので、**単位の読み方を覚えておく必要があります。**

**1** 音声を聴き、数字を書き取りましょう。　　　　DL 093　　CD2-43

1. $ _____

2. _____ ℃

3. _____ m²

4. _____ km/h

5. _____ %

**2** **1** の音声をもう一度聴き、単位の部分を英語で書き取りましょう。

1. _____

2. _____

3. _____

4. _____

5. _____

**3** 1〜3をアラビア数字と単位記号に書きかえましょう。

1. seventy-five point three percent　　　_____

2. two hundred and fifty milliliters　　　_____

3. zero point nine one four four meters　_____

Chapter 21 ···· *Presentation 1*

## ■ Jump!

以下の場面設定を読んでから音声を聴き、設問に答えましょう。

> **Situation:** ライフスタイル社のケンジは、同僚のヤンさんにプレゼンテーションについてアドバイスを求めています。

**1** プレゼンテーションのアドバイスを行う上で、ヤンさんがケンジに確認したことは何ですか。3つ選びましょう。　　　　　　　　　　DL 094　　CD2-44

　a. 聞き手はどのような人か
　b. ケンジの次に話す人は誰か
　c. 持ち時間はどのくらいか
　d. プレゼンテーションのテーマは何か
　e. パワーポイントの操作に熟達しているか

**2** 以下は **1** の会話の一部です。空所に入る適切な語を、選択肢から選んで書き入れましょう。その後、音声を聴いて正解を確認しましょう。　　DL 095　　CD2-45

*Kenji:* I'm supposed to talk about current issues related to intellectual property rights in Japan.
*Yang:* Who's the (　　　　1)?
*Kenji:* People from the Great Ideas Corporation.
*Yang:* How much do you think they know about the topic?
*Kenji:* Oh, I'm sure they know a lot about intellectual property rights in general, but I suppose they want to learn about the (　　　　2) in Japan.
*Yang:* Then you should (　　　　3) on the difference between the system in Japan and that in the U.S.

| focus | audience | situation |

105

# Chapter 22 ● Presentation 2

スライドを活用する

Chapter 21ではプレゼンテーションの基本的な構成を学びました。ここでは、スライドを用いた説明について学びましょう。スライド作成の際には、日本語の場合と同じく、箇条書きや図表を駆使してわかりやすさを心がけることが大切です。

## Warm Up

以下は、あるプレゼンテーションで使われたスライドの1枚です。

**Contents**

・Overview of Product X
・Customer needs
・Manufacturing
・Material procurement
・Patent application
・Marketing channels
・Sales projection
・Potential problems

## Quiz

上のスライドは、プレゼンテーションのどのパートで用いられたものだと考えられるでしょうか。

  **a.** 導入部  **b.** 本体  **c.** 結論部

Chapter 22 •••• *Presentation 2*

# Hop!

プレゼンテーションのスライドについて知りましょう。

**Getting to Know the Style**　スライドとスライド説明

アウトラインの提示
プレゼンテーションの冒頭で、これから話す内容のいわば「目次」にあたるものを提示しましょう。聴き手の理解を深めるためにも、はじめに全体の流れを提示することが大切です。英語では contents や agenda などと呼ばれます。また、プレゼンテーションの最後にもう一度アウトラインのスライドを見せることで、話した内容をより印象づけることができるでしょう。

テーマを明確に、箇条書きやフローチャートを利用して
各スライドの上部に、そのスライドのテーマを明示しましょう。具体的な内容については、箇条書きで示すのが原則です。物事の仕組みや流れを説明する際には、フローチャートにまとめると効果的です。また、スライドを解説する際には、スライドに表示されている文言であっても、ポインターなどで示しながら声に出して読み上げるとよいでしょう。

**1** Warm Up のスライドは、ある新製品 X に関するプレゼンテーションで使われたものです。各項目にあたる日本語を a ～ h から選びましょう。

1. Overview of Product X　　（　）　　a. 販売予測
2. Customer needs　　　　　（　）　　b. 流通経路
3. Manufacturing　　　　　　（　）　　c. 資材調達
4. Material procurement　　　（　）　　d. 製品 X の概観
5. Patent application　　　　 （　）　　e. 潜在的な問題
6. Marketing channels　　　　（　）　　f. 特許申請
7. Sales projection　　　　　 （　）　　g. 顧客のニーズ
8. Potential problems　　　　（　）　　h. 製造

**2** 以下の英文は、Warm Up のスライドを提示する際のプレゼンテーション原稿です。空所に入る適切な日本語を補い、日本語訳を完成させましょう。　DL 096　CD2-46

> Thank you for giving me the opportunity to talk to you today. I will be speaking for about 20 minutes, and then Mr. Sato will take over. This is the outline of my presentation today.
>
> 本日は、お話しする（　　　1）　）をいただきありがとうございます。およそ20分ほど私が話しまして、そのあと佐藤が（　　　2）　）ます。こちらが私の本日のプレゼンテーションのアウトラインです。

**3** 以下は、スライドの説明をするときによく用いられる表現です。空所に入る適切な語を、選択肢から選んで書き入れましょう。文頭の語も小文字で示しています。その後、音声を聴いて答えを確認しましょう。　DL 097　CD2-47

1. Let's look at the (　　　　　) here.　この表をご覧ください。

2. You'll find Figure A on page 3 of the (　　　　　).
   お手元の配布資料3ページの図Aをご覧ください。

3. What I just explained is (　　　　　) in Chart A.
   今説明しましたことはグラフAに集約されます。

4. This diagram (　　　　　) the patent application process in Japan.
   この図は日本における特許申請のプロセスを示しています。

5. (　　　　　) in red indicate the new features.
   赤字は新開発の特徴を示しています。

6. The (　　　　　) in parentheses represent a percent increase in sales over the previous period.
   カッコ内の数字は、前期比で何パーセント売上が増加したかを示しています。

| shows | letters | figures |
| summarized | table | handout |

Chapter 22 · **Presentation 2**

# Step!

スライドについて説明する際の原稿を読んでみましょう。

以下は、プレゼンテーションの原稿です。日本語を参考にしながら設問に答え、原稿を完成させましょう。　　　　　　　　　　　　　　　　　　　DL 098　　CD2-48

---

_____ <sup>1</sup>. This is the list of the new products that we successfully marketed last year. You can see that the number of items amounts to 138. The items ( <sup>a)</sup> ) bold sold more than 100,000 units. As for the bold items ( <sup>b)</sup> ) blue, which ( <sup>c)</sup> ) 45 percent of the new items, a profit was actually recorded even though this was the first year of sales. _____
_____ <sup>2</sup>.

まず、表1から説明いたします。<sup>1</sup> こちらは昨年売り上げの良かった新製品のリストです。製品の数は138品目になっております。太字で示されている製品は10万台以上売れたものです。青色の太字で示されている製品は、新製品の45パーセントを占め、実際、販売初年度にもかかわらず利益を計上しました。これらの数字は、弊社に製品開発力があることを明らかに示しています。<sup>2</sup>

---

1. 次の語句を正しい文になるように並べ替えて、下線部1に書き入れましょう。文頭の語も小文字で示しています。
   [ with, me, let, Table 1, start ]

2. 空所 a と b には同じ前置詞が入ります。適切な語を書き入れましょう。

3. 空所 c に入る適切な語句を選んで書き入れましょう。
   count with　　account for　　number by　　apply to

4. 次の語句を正しい文になるように並べ替えて、下線部2に書き入れましょう。文頭の語も小文字で示しています。
   [ provide, of, product development, clear proof, in, our strength, these figures ]

# Jump!

では、応用問題にトライしましょう。

以下のスライドの内容をよく読み、設問に答えましょう。

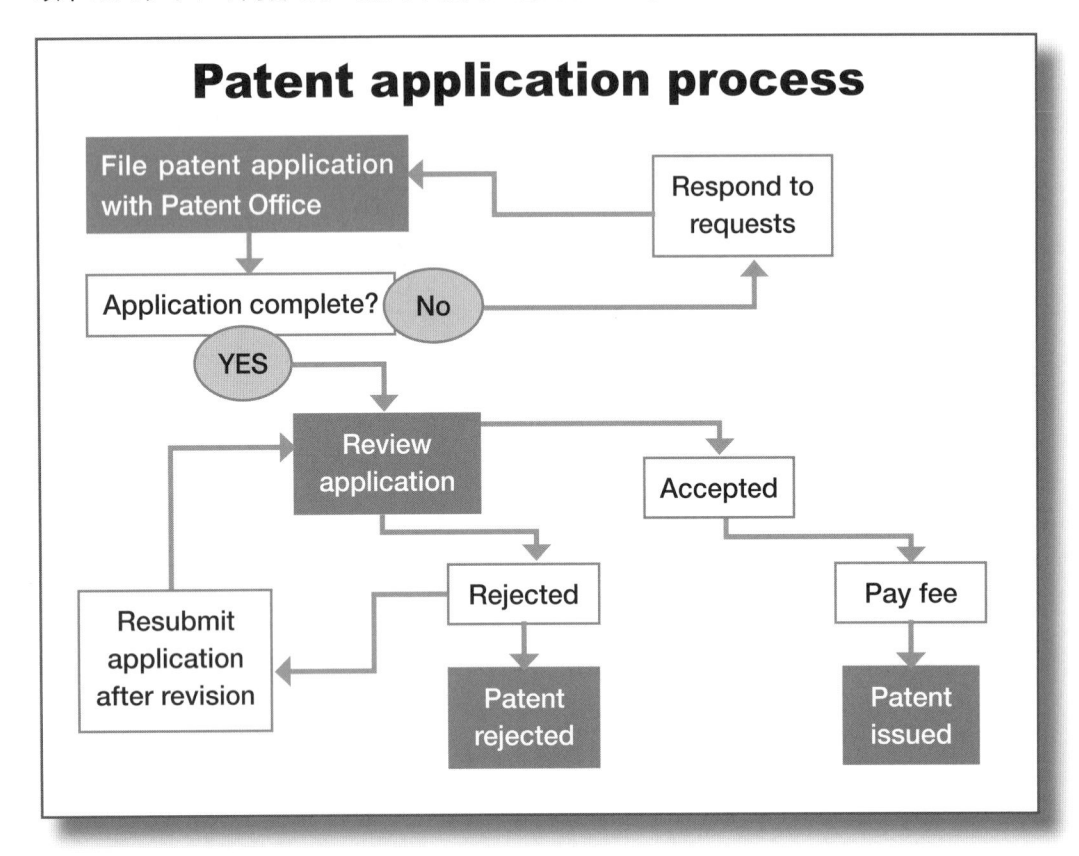

**Patent application process**

File patent application with Patent Office → Application complete? → No → Respond to requests → （File patent application に戻る）

YES → Review application → Accepted → Pay fee → Patent issued

Review application → Rejected → Patent rejected

Rejected → Resubmit application after revision → Review application

1. このスライドのテーマは何でしょうか。
   a. 特許出願の地域別特性　　b. 特許出願の流れ　　c. 知的財産権の種類

2. 申請書類に不備があった場合どうなるでしょうか。
   a. 特許庁から連絡があり、訂正した後に再度出願することができる
   b. 申請書類が不完全でも審査段階に進むことがある
   c. 提出した書類は訂正することはできない

3. 料金の支払いが発生するのはいつでしょうか。
   a. 特許の可否が判断される前
   b. 申請が受理され、特許が公開された後
   c. 申請が受理され、特許が公開される前

# Chapter 23 • Various Requests

依頼に対応する

簡単な依頼に対して、自分の判断で対応する場合、対応できない場合、また、対応を保留して上司に相談する場合の表現を学びます。ある程度業務の流れがわかってくると、自分の判断で解決できることが広がっていきます。

## Warm Up

次のフローチャートは、依頼に対する対応の流れを示しています。あいまいな点は遠慮せずに聞き返して、依頼内容を理解した上で対応の可否を判断する必要があります。

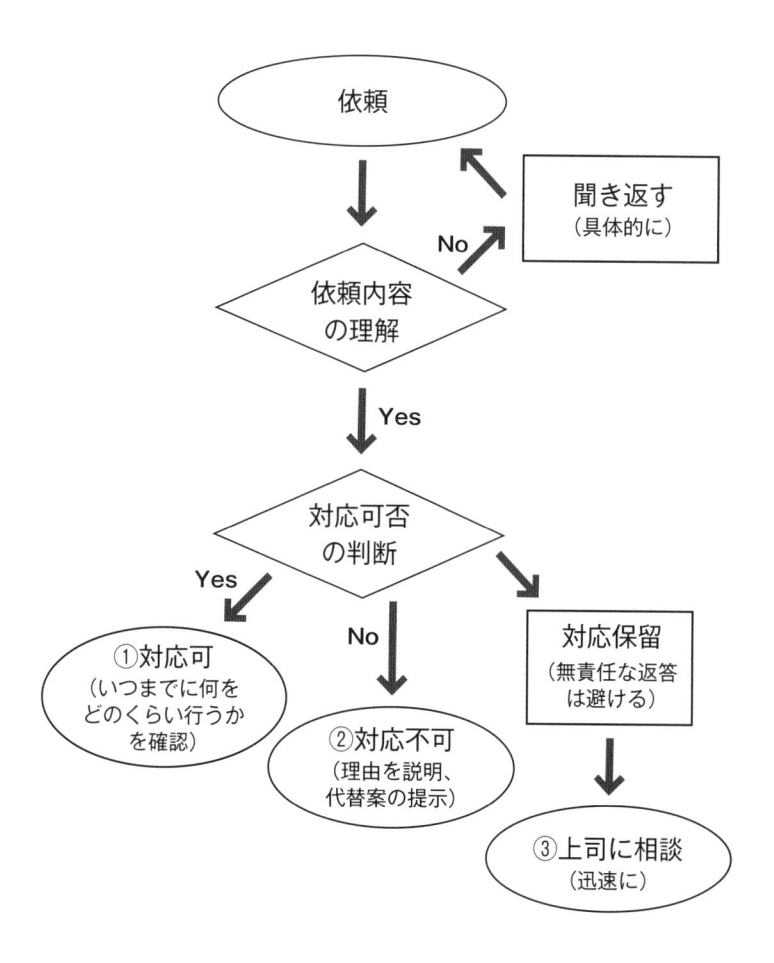

```
           依頼
            ↓
    ┌───────────────┐         ┌──────────────┐
    │  依頼内容      │ ──No──→ │  聞き返す     │
    │  の理解        │ ←────── │ （具体的に）  │
    └───────────────┘         └──────────────┘
            │ Yes
            ↓
    ┌───────────────┐
    │  対応可否      │
    │  の判断        │
    └───────────────┘
     Yes │   No  ↓ ↘
         ↓       │  ┌──────────────┐
    ①対応可     │  │  対応保留     │
   （いつまでに   │  │（無責任な返答 │
    何をどのく    │  │ は避ける）    │
    らい行うか    │  └──────────────┘
    を確認）      ↓         ↓
              ②対応不可   ③上司に相談
             （理由を説明、  （迅速に）
              代替案の提示）
```

## Quiz 🎧 DL 099 / CD 2-49

音声を聴いて、女性の対応が上の①〜③のどれに当てはまるか答えましょう。　（　　）

111

# Hop!

依頼に対応する際に必要な基本語彙と表現を学びながら、シャドウイングの練習をしてみましょう。

1 空所に入る適切な語を選択肢から選んで書き入れましょう。その後、音声を聴いて正解を確認しましょう。　DL 100　CD2-50

1. Could you make 30 copies of this (　　　　　)?
   この資料を30部コピーしていただけますか。

2. Yes, certainly. I'll be (　　　　　) back with the copies.
   もちろんです。コピーしてすぐに戻ります。

3. Can I use a computer to print out some (　　　　　) for today's meeting?
   今日の会議の配布資料を印刷したいのですが、パソコンをお借りできますか。

4. Yes, let me find a (　　　　　) for you to use.
   はい、ご使用いただけるノートパソコンを探してきます。

5. Please feel (　　　　　) to use one of those copy machines.
   あちらのコピー機をご自由にお使いください。

| handouts | free | laptop | material | right |
|---|---|---|---|---|

2 下の LISTENING FOCUS を読み、1 の音声をもう一度聴きましょう。また、テキストを見ながらシャドウイングしてみましょう。

### LISTENING FOCUS　　シャドウイング

シャドウイングとは、モデル音声をよく聴き、それに続いて自分でまねて発音する練習法です。例文を最後まで聴いてから繰り返すのではなく、シャドウイングは最初の1、2語を聴いたあと、すぐに追いかけるように復唱し始めます。「音声だけに注意を払って／意味を考えながら」「文字を見ながら／見ずに」「少し遅れて／ほぼ同時に」などさまざまな方法・段階がありますが、最初は文字を見ながら短めの文で行ってみましょう。リズムやイントネーション、ポーズの置き方などを体得するのに大変効果的です。

Chapter 23 ···· *Various Requests*

**3** 空所に入る適切な語を選択肢から選んで書き入れましょう。また、音声を聴きながらシャドウイングしてみましょう。　　　DL 101　CD2-51

1. According to the agenda, I have 30 minutes to talk about our proposal. But I (　　　　) if I could have some more time.
   アジェンダによれば、わが社の提案について30分間話すことになっていますが、もう少し時間をいただけないでしょうか。

2. Please let me talk about it with my supervisor and get (　　　　) to you later today.　その件について上司と相談させてください。今日、後ほどお答えします。

3. Would it be possible for us to have (　　　　) meeting before the end of this month?　月末までにもう一度会議を行うことは可能でしょうか。

4. I'm not in a position to answer the question. I have to ask the person in (　　　　).　私はその質問に答える立場にありません。担当者に尋ねます。

5. Can you (　　　　) the new product in a little more detail?
   その新製品のことをもう少し詳しく説明していただけますか。

6. The instructions are in Japanese, so if you need any help, don't (　　　　) to ask.
   説明は日本語で書かれていますので、もしご不明な点があれば遠慮なくお尋ねください。

| describe | charge | back | wonder | another | hesitate |

**4** 以下の社内メモを読んで、T/F 問題に答えましょう。　　　DL 102　CD2-52

Joe,
As you know, I'm going to give a 30-minute presentation on our new product, the EX201 Camera, at the next meeting. I'm preparing PowerPoint slides now and have a few things that I'd like to check with you. Would it be possible to meet sometime tomorrow? I have to see my client in the morning but should be back by 1:00 p.m. I can visit your office anytime in the afternoon. I would really appreciate it if you could help.
Will

1. Will is going to deliver a presentation on how to prepare PowerPoint slides.　T / F
2. Will wants to meet Joe in the afternoon before meeting his client.　T / F

## Step!

依頼に対して対応が不可能な場合は、相手に失礼のないように、なるべく理由を添えながら断る必要があります。

**1** 空所に入る適切な語を選択肢から選んで書き入れましょう。その後、音声を聴いて正解を確認しましょう。 DL 103　CD2-53

1. I'm afraid he'll be (　　　　　) until 6. Would you like to leave a message?
残念ながら、彼は6時まで外出です。メッセージを残されますか。

2. I'm sorry, but I don't think we can change the agenda now, since it has already been sent out to everyone (　　　　　).
申し訳ありません。アジェンダはすでに関係者に送付されていますので、もう変えることはできないと思います。

3. What about a week from today?　1週間後はいかがですか。
I think we'll need a little (　　　　　) time than that.
もう少し時間が必要かと存じます。

4. You might like to (　　　　　) another option.
別の選択肢を検討されたほうがよいのではないかと存じます。

| consider | involved | more | out |

**2** 空所に入る適切な表現を選択肢から選びましょう。その後、音声を聴いて正解を確認しましょう。 DL 104　CD2-54

*Locke:* I'd like to meet President Tanaka sometime during my stay in Japan. Would it be possible to introduce me to him?
*Kenji:* (　1)). He's in Hanoi for the next two weeks.
*Locke:* I see.
*Kenji:* But (　2)) arrange a meeting with him during your next visit to Japan.

1. **a.** It couldn't be better　　**b.** You should have done it　　**c.** I'm afraid not this time
2. **a.** I hope you won't　　**b.** I'm sure I could　　**c.** I was wondering why you

Chapter 23 ···· *Various Requests*

# 🎵 Jump!

以下の場面設定を読んでから音声を聴き、設問に答えましょう。

> **Situation:** ロックさんはこの後の会議で話すことになっており、ケンジはその準備を手伝っています。

**1** 質問に対して、会話の内容に合う選択肢を選びましょう。　DL 105　CD2-55

**1.** 会話中にロックさんがケンジに依頼していることは、次のうちどれですか。
 a. 会議中に写真を撮影してほしい
 b. 会議後に出席者数を報告してほしい
 c. 会議用の資料を必要部数コピーしてほしい

**2.** 会話の内容から判断して、ケンジがこの後に行うことは次のうちどれですか。
 a. 出席者リストの最新のものを入手する
 b. ロックさんと一緒に会議室の設備をチェックする
 c. ロックさんのプレゼンテーション原稿をチェックする

**2** 以下は **1** の会話の一部です。空所に入る適切な語を、選択肢から選んで書き入れましょう。また、音声を聴いて正解を確認しましょう。　DL 106　CD2-56

*Locke:* Excuse me, Kenji. Would you (　　　　　1) if I ask you to make photocopies of my paper for the presentation today?
*Kenji:* No, not at all. How many do you need?
*Locke:* Do you know how many people are going to attend the meeting?
*Kenji:* Let me check the list of (　　　　　2). It says 54.
*Locke:* Fifty-four. Could you make 60 copies?
*Kenji:* Certainly. Is there anything else I can help you with?
*Locke:* Yes, I'd like to make sure if the projector and PC are all (　　　　　3) for the presentation.

| set　　attendees　　mind |
|---|

115

# Chapter 24 • Patent Description

特許明細書の様式

企業や技術者は発明をした場合、独占的にその技術を使用する権利を守ってもらうために、特許明細書という書類を政府の関係セクションに提出します。特許が認可されると、発明者以外の人がその発明を使用する場合、発明者にライセンス料金を支払わねばなりません。

## Warm Up

米国特許明細書の1ページ目のレイアウトは次のようなものになっています。各情報（① **発明の書誌事項**、② **特許の概要[アブストラクト]**、③ **特許の図解**）が記載されている位置を確認しましょう。

[54] **COLLAPSIBLE DOG FEEDER**
[76] Inventor: **John H. Fahmie**, 8805 Bird Road, Miami, Fla. 33156
[21] Appl. No.: **685,702**
[22] Filed: **May 12, 1976**

US 4065195 A

## Quiz

①の囲み内（拡大されている部分）に記載されていない情報は a〜c のうちどれでしょう。

　　**a.** 居住している州の名前　　**b.** 電話番号　　**c.** 居住している通りの名前

Chapter 24 ···· *Patent Description*

# Hop!

米国特許明細書の1ページ目の情報提示のスタイルを学びましょう。

## Getting to Know the Style　特許明細書

企業が新しく製品を開発する場合は、その製品開発に使用する技術が特許申請されているかどうかの確認をしなければなりません。無許可で登録済みの特許技術を使用した場合、企業が大損害を被る場合もあります。

特許明細書の書式は国によって異なりますが、掲載される情報は同じです。この章では米国特許明細書（米国特許商標局［U.S. Patent and Trademark Office］のホームページ http://www.uspto.gov から検索できます）の書式を学習します。

① 発明の書誌事項：発明の名称、発明人、特許の申請日や、関連した特許の特許番号などの情報が掲載されます。

② アブストラクト：特許の概要が書かれます。例えば、機械類のアブストラクトには、「○○（発明品の名称）は、××の部分から構成されている」という情報や「各パーツがどのような動きをするか」というような情報など、特許で保護をしてほしい技術についての概要が述べられています。

③ 特許の図解：斜視図やフローチャートなどを用いて、目で見て特許がわかる図版情報が掲載されています。

---

**1** 以下は、Warm Up の①の囲み内（拡大されている部分）に掲載されている項目です。それぞれどのような情報なのかを a～d から選びましょう。

1. Inventor　　　　　　　　　（　）　　a. 特許の申請番号
2. Appl. No.　　　　　　　　 （　）　　b. 発明人に関する情報
3. Correspondence Address　（　）　　c. 特許の出願日
4. Filed　　　　　　　　　　 （　）　　d. 特許を使用する場合の連絡先

**2** 以下は、Warm Up の米国特許明細書のアブストラクトの部分（②）です。下線部の日本語訳を参考にし、1～5の単語の意味を a ～ c から選びましょう。

A **collapsible** dog feeder **comprises** three hingedly interconnected support panels, a front panel, a pair of spaced side **support** panels, and a top panel which is hingedly connected to the front support panel and which **spans** the side support panels when the dog feeder is **erected**; when the dog feeder is in a collapsed condition, the side panels are hingedly moved into coplanar relation with one another and in a plane parallel to the front panel and the top panel is hingedly moved about its hinge axis into a plane parallel to the support panels. A handle is provided on the feeder for carrying it when in a collapsed condition.

> 折りたたみ可能なイヌの餌やり器は、3枚のお互いにちょうつがいでつながったパネル、（すなわち）正面パネルと、間隔が開けられた一対の側面支持パネルと、正面支持パネルにちょうつがいでつながっていて、イヌの餌やり器が立てられている時は側面支持パネルの間を橋渡ししている上面パネルから構成されている。

1. collapsible
   **a.** 折りたたみ可能な　　**b.** 移動可能な　　**c.** 組み立て可能な

2. comprise
   **a.** 収納されている　　**b.** 構成されている　　**c.** 作成されている

3. support
   **a.** 収納　　**b.** 応援　　**c.** 支持

4. span
   **a.** 狭める　　**b.** 支える　　**c.** 橋渡しする

5. erect
   **a.** 立たせる　　**b.** 折りたたむ　　**c.** 構成する

**3** アブストラクトは一文が長文で構成されることがあり、どのような構文かを理解することが重要です。**2** のアブストラクト下線部の述語動詞は、以下のどれでしょうか。

　**a.** comprises　　**b.** support　　**c.** spans　　**d.** erected

# Step!

述語動詞に続く発明品の主要構成部分(部品)の説明は、以下のような「名詞＋形容詞句・節」という表現が頻出です。主要構成部分と後置修飾部をセットにして階層構造に整理すると構文が理解しやすくなります。

名詞（主要構成部分） ｛ 現在分詞 (V-ing) ...　過去分詞 (V-ed) ...　関係代名詞　前置詞＋名詞

**1** 以下は、前ページの下線部を階層構造にしたものです。英文を読んで設問に答えましょう。

A collapsible dog feeder comprises
 three hingedly interconnected support panels,
  a front panel,
  a pair of spaced side support panels, and
  a top panel
   which is hingedly connected to the front support panel and
   which spans the side support panels when the dog feeder is erected;

**1.** このイヌの餌やり器 (dog feeder) はいくつの主要パーツから構成されていますか。
 **a.** 2つ　**b.** 3つ　**c.** 4つ

**2.** 上面パネルについて正しいものを選びましょう。
 **a.** 正面パネルとちょうつがいでつながっている
 **b.** 側面支持パネルの一方に支えられている
 **c.** 側面支持パネルの一方とちょうつがいでつながっている

**2** 以下は **1** に続く英文です。階層構造に整理しながら内容を理解し、餌やり器が折りたたまれたときはどうなるか、当てはまらないものを a 〜 c から一つ選びましょう。

... when the dog feeder is in a collapsed condition, the side panels are hingedly moved into coplanar relation with one another and in a plane parallel to the front panel and the top panel is hingedly moved about its hinge axis into a plane parallel to the support panels.

*Notes*  coplanar 同一平面上の　plane 平面

 **a.** 側面パネルが、ちょうつがいの所で折りたたまれる
 **b.** 側面パネルは、それぞれ正面パネルに対して同一平面上に折り重なる
 **c.** 上面パネルは側面パネルと直角の状態になる

# Jump!

では、応用問題にトライしましょう。

以下は、別のペット餌やり器（米国特許明細書：US 5724914）のアブストラクトからの抜粋と図面です。1と2の設問に答えましょう。

A pet feeder device comprises a bowl-shaped base defining an upright central axis, a cover extending over the base and having a vertical opening through which a pet's nose may be projected to access food in the base, ...（以下省略）

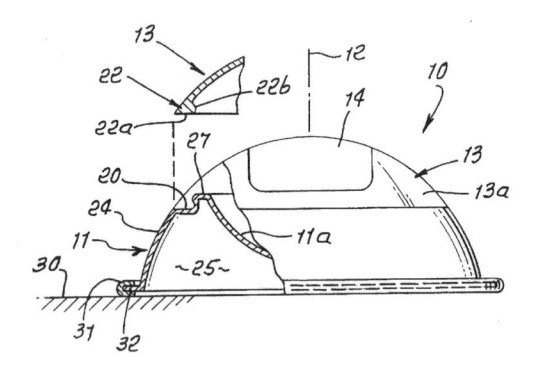

**1.** 形容詞の後置修飾構文を意識し、英文の階層構造を整理しながら内容を理解し、餌やり器の主要パーツを a～e から選びましょう。

> **a.** feeder device　**b.** bowl-shaped base
> **c.** access　**d.** cover　**e.** nose

**2.** このアブストラクトの日本語訳の1～4に当てはまる語句を a～d から選びましょう。同じ番号には同じ選択肢が入ります。

ペット餌やり器は、直立軸を定めている（　　　1）の基底部と、その（　　　2）にかぶさるように伸びていて、（　　　2）の中にある（　　　3）に近づくために、ペットの（　　　4）が突っ込まれるであろう垂直の開口部を有するカバーから構成されている。

> **a.** 鼻　**b.** 基底部　**c.** 食べ物　**d.** ボール型

# Credits

**Chapter 6  Corporate Websites**
Konica Minolta, Inc.
http://konicaminolta.com
"Eco Vision 2050"
http://www.konicaminolta.com/about/csr/environment/management/2050.html
"Functional Organic Material Synthetic Technology"
http://www.konicaminolta.com/about/research/core_technology/material/index.html

**Chapter 8  Product Advertisements**
Dyson
"Dyson Cool™ Fan"
http://www.dyson.co.uk/Fans-and-heaters/cooling-fans.aspx
"Reasons to Choose a Dyson Vacuum"
http://www.dyson.my/vacuumcleaners/uprights/dc50/dc50-animal/the-dyson-difference.aspx
 "AM06 Desk Fan 12 Inch"
http://www.dyson.co.uk/fans/desk/am06-12-range/am06-desk-fan-12-black-nickel.aspx

**Chapter 10  Product Specifications**
Bose
"SoundLink® Mini Bluetooth® speaker"
http://www.bose.com/controller?url=/shop_online/digital_music_systems/bluetooth_speakers/soundlink_mini/index.jsp

Fujitsu
ScanSnap iX100
http://scansnap.fujitsu.com/jp/product/ix100/cdf.html

**Chapter 12  Operating Instructions**
Nikon D3300
https://support.nikonusa.com/app/answers/detail/a_id/13948

**Chapter 14  Science News**
"Kyoto Univ. eyes iPS cell clinical study" *The Japan News*, Feb. 28, 2014

**Chapter 15  Tourist Information**
Tourist Guidebook Kyoto
http://www.kyoto.travel/photoitem/kyototouristguidebook.pdf

## Chapter 18  Abstracts

方芳、中野公彦、朴啓彰［他］、熊谷靖彦、鄭仁成、中村弘毅、大堀真敬、田岡浩、岡田訓『音声刺激が高齢ドライバの運転行動に与える影響（Effect of auditory test on the driving performance of elderly drivers）』生産研究 64(2), 273-277, 2012.

垣尾政之、宮下敬宏、光永法明［他］、石黒浩、萩田紀博『倒立振子移動機構を持つ人型ロボットの反応動作の違いが人に与える印象の変化（How does a Reactive Behavior of a Wheeled Inverted-Pendulum-Type Humanoid Robot Affect Human Impressions?）』日本ロボット学会誌 28(9), 1110-1119, 2010-11-15.

## Chapter 20  Data and Graphs

"Patent Filings Continue to Decline" *The Japan News*, May 15, 2014

"Prices of Popular Sushi Fish Rising" *The Japan News*, Jun. 6, 2014

Calbee Annual Report 2013
http://www.calbee.co.jp/ir/pdf/2013/calbee_annualreport2013.pdf

## Chapter 24  Patent Description

Fahmie, John H. "Collapsible Dog Feeder." Patent 4,065,195. Dec. 27, 1977.

Nemeth, David A. "Dog Feeder with Ear-deflecting, Rotatable Cover." Patent 5,724,914. Mar. 10, 1998.

URLs are as of June 2014.

Every effort has been made to trace the copyright holders of material used in the book. The publisher apologizes for any omissions and will be pleased to make necessary arrangements when *Getting Global!* is reprinted.

本書にはCD（別売）があります

## Getting Global!
### Engineer Your Future with English
将来のキャリアに活かす 大学生のためのコミュニケーション英語

2015年 1 月20日　初版第 1 刷発行
2023年10月15日　初版第13刷発行

　　　編著者　　辻　本　智　子
　　　　　　　　野　口　ジュディー
　　　　　　　　深　山　晶　子
　　　　　　　　椋　平　　　淳
　　　　　　　　桐　村　　　亮
　　　　　　　　村　尾　純　子

　　　発行者　　福　岡　正　人
　　　発行所　　株式会社　金　星　堂
（〒101-0051）東京都千代田区神田神保町 3-21
　　　　　　Tel　（03）3263-3828（営業部）
　　　　　　　　（03）3263-3997（編集部）
　　　　　　Fax　（03）3263-0716
　　　　　　https://www.kinsei-do.co.jp

編集担当　西田 碧　　　　　　Printed in Japan
印刷所・製本所／三美印刷株式会社
本書の無断複製・複写は著作権法上での例外を除き禁じられています。本書を代行業者等の第三者に依頼してスキャンやデジタル化することは、たとえ個人や家庭内での利用であっても認められておりません。
落丁・乱丁本はお取り替えいたします。

ISBN978-4-7647-4007-5　C1082